LOGOS
로고스경영의 실천

로고스경영의 실천

초판 1쇄 발행 2025년 4월 11일

지은이 이창원, 김찬목, 박정윤, 신호균, 조성표, 황인태
엮은이 한국로고스경영학회
펴낸이 장길수
펴낸곳 지식과감성#
출판등록 제2012-000081호

교정 이주희
디자인 이현, 김희영
편집 이현, 김희영
검수 한장희, 정윤솔
마케팅 김윤길

주소 서울시 금천구 벚꽃로298 대륭포스트타워6차 1212호
전화 070-4651-3730~4
팩스 070-4325-7006
이메일 ksbookup@naver.com
홈페이지 www.knsbookup.com

ISBN 979-11-392-2526-6 (03320)
값 12,000원

- 이 책의 판권은 지은이에게 있습니다.
- 이 책 내용의 전부 또는 일부를 재사용하려면 반드시 지은이의 서면 동의를 받아야 합니다.
- 잘못된 책은 구입하신 곳에서 바꾸어 드립니다.

지식과감성#
홈페이지 바로가기

LOGOS
로고스경영의 실천

이창원 | 김찬목 | 박정윤 | 신호균 | 조성표 | 황인태 지음

성경은 인간과 세상을 향한 하나님의 사랑과 공의를 중심으로,
모든 사람이 존엄하고 공정한 대우를 받을 권리가 있음을 가르치고 있다.

추천사

　이 책은 복음을 근본으로 삼고, 청지기의 사명에 따라 이 세상 속에서 맡겨진 모든 영역에서 선한 역할을 감당해야 한다는 성경적 원리를 기반으로 하고 있다. 또한, CSR과 같은 현대적 경영 원칙을 성경적 가치관과 결합하여 실천함으로써, 공정과 정의, 사랑과 섬김의 정신을 바탕으로 지속 가능한 가치를 창출하도록 도전한다. 일독을 통해, '복음으로 세례/침례를 받은' 기독 경영 정신을 바탕으로 신앙과 경영이 조화를 이루는 방향을 모색하는 데 큰 도움이 될 것으로 믿는다.

〈박성민 CCC 글로벌 부총재 및 한국 대표〉

　신앙은 크리스천의 정체성을 나타낸다. 저자는 이 신앙이 맹신적으로 흘러가는 현상과 원인을 분석하고 해결 방안을 제시함으로써 크리스천의 자기 경영에 시사점을 제공한다. 교인들은 물론 목회자들까지도 말씀 중심의 신앙생활을 통해, 하나님이 기뻐하시는 신앙 공동체를 소망하는 저자의, 교회에 대한 깊은 애정이 엿보여 기쁘게 추천한다.

〈김성호 협성대 경영대학장(전)〉

본 서는 기독 경영학자들의 시각에서 본 성경적인 경영 원리를 제시한다. 삶의 모든 영역에 적용 가능한 성경적인 가치관을 드러내고 있다. 창조 질서를 뒷받침하는 지속가능경영에 관한 필독서이다. 크리스천 경영, 기독 경영인 로고스경영에 관심을 가지는 모든 이들에게 나침판의 역할을 감당할 것으로 사료되어 적극적으로 추천하고 싶은 책이다.

〈박원호 실천신학대학원대학교 총장(전)〉

진화하는 사회적 현상 속에서 경영의 패러다임은 이윤 극대화에서 가치 중심으로 변화하며, 개인을 넘어 기업의 사회적 책임을 강조하는 공동체성을 강조하고 있다. 이러한 변화 속에서 『로고스경영의 실천』은 성경적 근거를 제시하고 실제 기업 경영에 적용할 수 있는 실천적 통찰과 사례를 담고 있기에, 그동안의 수고에 존경을 표하며 현장 속에서 하나님의 뜻이 이루어지기를 응원하고 기도한다.

〈윤문기 대한기독교나사렛성결회 총회감독〉

프롤로그

급변하는 오늘날의 경영 환경 속에서 기업과 조직은 지속 가능한 성장을 위해 새로운 패러다임을 모색해야 한다. 이러한 흐름 속에서 『로고스경영의 실천』은 단순한 경영 기법을 넘어, 성경적 가치와 원칙에 기반한 경영 실천을 강조한다. 이 책은 로고스경영의 개념을 구체적으로 탐구하고, 이를 실제 조직 운영과 리더십에 적용하는 방안을 제시하기 위해 기획되었다.

'로고스(Logos)'는 고대 그리스 철학에서 '이성', '말', '원리'를 의미하며, 경영에서는 논리적 사고와 근본 원칙을 바탕으로 하는 의사결정을 뜻한다. 경영의 본질은 경영과 참여를 아우르는 개념으로, 조직 운영에 있어 지도자와 구성원이 함께 의미를 찾고 실천해 나가는 과정이라 할 수 있다.

성경에서 로고스는 '말씀'을 의미하며, 이는 경영에서도 하나님의 진리와 원칙을 바탕으로 하는 의사결정을 뜻한다. 성경적 관점에서 '경영(經營)'은 하나님의 뜻을 실현하는 과정이 되어야 한다. 이러한 관점에서 로고스경영은 조직 운영의 본질적 가치를 실현하고, 신앙과 경영이 조화를 이루는 방식으로 자리 잡아야 한다.

본 서는 저자들이 『로고스경영연구』에 게재한 연구 결과물 중에서 대표적인 결과물을 하나씩 선정하고 이를 본 서의 취지에 맞도록 각색하였다. 로고스경영의 성경적 철학을 중심으로 다양한 실천 사례를 분석하며, 이를 통해 현대 경영에서 요구되는 새로운 리더십과 조직 운영의 방향을 제시하고자 한다. 각 장에서는 이론적 논의와 함께 실제 기업과 조직에서 적용할 수 있는 전략과 방법론을 다루며, 독자들이 이를 직접 활용할 수 있도록 구성하였다.

이 책이 기업 경영자, 조직 리더, 학자 및 실무자들에게 새로운 통찰력을 제공하고, 성경적 경영을 위한 실천적 지침서가 되기를 기대한다. 나아가서, 본 서를 함께 집필해 주신 공저자분들 및 출판이 성공적으로 될 수 있도록 아낌없이 도와주신 '지식과감성#'에도 깊은 감사를 전하며, 이 책을 통해 로고스경영의 실천이 보다 널리 확산되기를 희망한다.

저자 일동

목차

추천사	4
프롤로그	6

기업의 사회적 책임과 평등, 공의, 나눔	12
크리스천의 자기 경영	36
복음적 경영론의 정립과 기업재무 경영	64
기독 경영의 핵심 원리와 기업의 사회적 책임 활동	86
목회자와 선교사의 노후 준비, 국민연금 알아보기	108
성경에 나타난 예수 그리스도의 목회 리더십	130
참고 문헌	151

기업의 사회적 책임과
평등, 공의, 나눔

오늘날 사회에서 기업의 역할은 단순히 경제적 이익을 창출하는 데 그치지 않고, 사회적 책임을 실천하는 데까지 확장되고 있다. 이러한 기업의 사회적 책임(Corporate Social Responsibility: CSR)은 기업이 사회적, 환경적, 윤리적 문제를 해결하며 더 나은 세상을 만드는 데 기여해야 한다는 요구에서 그 근간을 가지고 있다. 특히 크리스천의 관점에서 기업의 사회적 책임을 현실 세계에 실천하는 것은 성경적 가치를 바탕으로 한 평등, 공의, 나눔의 실천과 깊은 연관이 있다.

성경은 인간과 세상을 향한 하나님의 사랑과 공의를 중심으로, 모든 사람이 존엄하고 공정한 대우를 받을 권리가 있음을 가르치고 있다. 이러한 말씀은 단순히 경제적 이익을 추구하는 데 그치지 않고, 사회의 보편적 가치를 지지하고 공동체의 선을 위해 행동해야 하는 기업의 책임을 강조하는 것이다. 따라서 크리스천 관점에서 기업의 사회적 책임은 경제적 활동을 넘어 윤리적이고 영적인 책임을 포함하며,

이러한 실천 노력을 통해 세상에 하나님의 사랑과 공의를 실현하는 도구로 작용할 수 있다.

우리나라는 과거 2차 산업을 주종으로 하던 산업구조에서, 현재는 3차 산업을 주종으로 변화되었다. 특히 지난 50여 년간 한국의 산업 부흥은 한강의 기적이라고 부를 만큼 세계가 놀라움을 표하였다. 최근에는 한국 기업의 국가 경쟁력이 상승하고, 한국인들이 각종 분야에서 활약함으로써 대한민국이라는 국가 브랜드가 수직 상승 하고 있다. 이러한 시대적 흐름에 한국 기업들의 공은 매우 크다고 하겠다. 과거와 달리 이제 더 이상 한국 제품이 품질이 낮지 않다. 세계 최고의 경쟁업체와 비교해도 품질 면에서 조금도 뒤처지지 않는다. 이뿐만 아니라 가격 경쟁력마저 갖추고 있어서 한국 기업의 시장에서의 지위는 우리가 예상하는 것보다 훨씬 높아져 있다. 이러한 국제적 위상에는 한국 기업의 경영 패러다임의 변화도 한몫을 하고 있다.

과거 한국의 초기산업사회에서는 기업을 통해 국가의 부를 창출하였다. 그리고 이러한 기업의 성장을 통해 국민의 삶의 질을 개선한다는 큰 명제 아래에서 예상하지 못했거나 때로는 의도적인 수많은 부작용이 난무하였던 것은 부인할 수 없는 사실이었다.

한국 기업들은 후발 주자이자 모방자의 역할에서 벗어나, 이제는 세계 질서에서 선두 주자의 역할을 맡고 있다. 하지만 앞으로는 개별 기업의 산업계에서 보다 중요한 역할 모형이 되기 위한 노력을 할 필요가 있다. 이러한 노력을 위하여 기업의 경영 패러다임으로 과거와는 다른 새로운 모형이 요구된다. 지난 십여 년 동안 한국 기업은 끊임없는 혁신과 개혁을 통하여 새로운 모습으로 탈바꿈되어 왔고 이제 많은 선진국에서조차도 한국 기업의 경영 철학, 경영 전략 및 기업 운영에 대한 사례연구를 하기 시작하였다. 그러나 이러한 와중에서도 한국 기업의 사회적 책임에 대해서는 아직 저변이 확대되지 못하고 있는 실정이다. 몇몇 대기업 및 글로벌 기업에서 국제적 표준에 대응하기 위하여 소극적인 자세로 기업의 사회적 책임을 수행하고 있고, 그 사례가 일부 소개되고 있을 뿐이다.

크리스천의 가치관이 기업의 사회적 책임 실천에 어떻게 적용될 수 있는지 그리고 평등, 공의, 나눔이라는 성경적 원칙이 오늘날의 기업이 직면한 도전과 요구에 어떤 방향성을 제시하는지 묵상할 필요가 있다. 기업 활동이 단순히 인간 중심적 목적을 넘어 하나님 나라를 이루는 데 기여할 수 있다는 점을 강조하는 기회가 될 것이다.

평등 경영

평등(平等, Equality)은 인간의 존엄성, 권리, 인격, 가치, 행복의 추구 등에 있어 차별이 없이 같은 상태이다. 평등은 다양한 의미를 가지고 있기 때문에 그 사람의 사상과 철학에 의해 서로 다른 의미를 내포할 수 있다. 그러나 일반적으로 평등은 자유의 평등, 즉 정치, 사회, 법의 권리로부터 동등한 보장을 받는 것이라고 할 수 있다. 이러한 평등을 인격적 평등, 사회적 평등, 법적 평등의 세 가지로 나눌 수가 있다.

인격적 평등

인격적 평등을 먼저 살펴보자. 과거에는 동서양을 불문하고 인격적 불평등이 고착화되었다. 인격적 평등은 인간은 모두 동일하다는 관점에서 서로에 대하여 차별이 없는 상태를 말한다. 그러나 역사적으로 차별에 의한 불평등은 인간의 역사 그 자체라고 할 만큼 만연되어 왔다. 서로 다른 피부색을 가졌기 때문에 발생하는 민족적인 차별, 키가 크고 작음으로써 또는 신체의 부자연스러움으로 인하여 행해지는 신체적 차별 그리고 물질적 우위에 있는 국가의 문화가 물질적 열위에 있는 국가의 문화에 비해 우월하다며 벌이는 차별은 현대에도 평등의 근간을 깨는 출발점이 되고 있다.

그렇다고 이러한 민족적 차이, 신체적 차이, 문화적 차이의 고유성을 부정하려는 것이 아니다. 이러한 차이는 민족과 민족을 구별할 수 있게 해 주고, 문화와 문화를 구별해서 서로를 존중할 수 있게 하는 것이다. 그럼에도 불구하고 이러한 차이를 차별로 연결시켜서 인간이 평등하다는 인격적 평등의 근본적인 이념 및 윤리에 반대되는 논리를 주장하여서는 안 된다는 것이다.

사회적 평등

사회적 평등은 개인의 신분에 따른 어떠한 불이익도 받지 않는 상태이다. 동서고금을 막론하고 인간은 출신 성분이 무엇이냐에 따라 너무나 다른 대우를 받는다. 따라서 신분상의 차별을 타파하지 않는다면 인간은 평등하다고 말할 수가 없고 개인의 표현 및 개성을 충분히 발휘하기 어렵다.

　과거에는 천민의 자식은 아무리 우수한 인재라 하더라도 사회적인 평등을 받을 수가 없고 그 능력이 아무리 뛰어나다 하더라도 주어진 신분의 한계 범위에서만 그 능력을 발휘할 수 있는 경우가 거의 대부분이었다. 모든 인간이 동일한 사회적 조건을 가진다면 각자가 재능과 자기 계발을 위해 항상 최선을 다할 수 있는 동기부여가 생긴다. 사회적으로 제공되는 각종 물질적·정신적 혜택을 동일하게 받을 경우 이를 사회적으로 평등하다고 할 수 있다. 그러나 근대 산업 사회 이후에는 물질적 우월성이 또 다른 사회적 불평등을 초래하는 원인이다. 이에 사회적 약자가 사회적으로 보호를 제대로 못 받음으로써 큰 물의를 일으키는 경우가 많다.

법적 평등

　법적 평등은 법 앞에서 만인이 동일한 조건을 가짐을 의미한다. 한 국가의 국민은 해당 국가에서 형평에 맞게 대우를 받아야 한다. 국민은 다 같은 인간이기 때문에 사람으로서의 법적인 권한과 보호가 차별 없이 이루어져야 한다. 하지만 법적인 차별은 사실상 좀처럼 타파하기가 어렵다. 어느 누구든지 사회적 영향력이 있고, 물질적 부를 가지고 있으면 법적인 보호를 더 많이 받으려고 한다.

　법적인 평등이 모든 사람에게 모든 조건을 똑같이 적용한다는 의미는 아니다. 법적인 평등은 한 나라에서 인간으로서 받아야 할 최소한의 혜택 및 해당 사회에서 제공해야 할 최소한의 안전보장을 모든 사람에게 형평성을 가지고 제공해야 한다는 의미이다. 기업 최고 책임자의 불법행위와 식당 종업원의 불법행위가 동일한 불법행위라 하면 동일한 법적 조치를 받아야 한다는 의미이다. 이러한 법적인 평등 권리는 인간의 평등 원리에서 출발한 것이라고 할 수 있다. 정리해 보면 모든 국민은 법 앞에서 평등하며 성별, 종교 및 사회적 신분에 따라 정치적·경제적·사회적·문화적 생활의 모든 영역에 있어서 차별을 받지 않아야 한다는 의미이다.

공의 경영

공의(公義, Righteousness)는 사상가에 의하여 입법자나 위정자가 그 사회에서 궁극적으로 실현해야 할 규범 및 가치이다. 또 다른 의미로는 사회를 구성하고 유지하기 위해 사회 구성원들이 추구해야 할 가치이자 공정하고 올바른 상태로, 대부분의 법이 포함하는 이념이라고 할 수 있다. 인간은 이념이나 가치에 의해 인격이 형성된다. 진리는 인간의 삶 속에서 순수한 이론적 측면인 반면에 공의는 인간 삶의 실천적 측면이다. 이러한 실천적 삶 가운데 내적 측면으로 나타나는 것이 선(善), 외적 측면으로 나타나는 것이 공의이다. 공의는 주관적 공의와 객관적 공의로 구분할 수 있는데 주관적 정의는 덕 및 윤리적 측면에서의 공의를 말한다. 주관적 공의는 각 사람에게 그의 권리를 향유하게 하는 의지이다. 정의(正義, Justice)의 개념이다. 반면에 인간의 관계에서 옳고 그름을 말하는 것이 객관적 공의이다. 이때는 공정(公正, Fairness)의 개념이다. 주관적 공의는 객관적 공의를 실현시키고자 하는 특징이 있다.

공의는 어떤 사회에서 개인의 자유와 인격권을 어떻게 정립할 것인가의 문제에 관한 것이다. 그래서 공의는 개인 상호 간에 설정되는 관계와 개인과 사회 간의 관계 설정에 관한 결정에 있어 개인이 수용할 수 있는 기초를 세우는 역할을 한다. 즉 사회관계 자체가 공의를 의미하는 것은 아니지만 사회적 결정 자체와 합리적인 개인의 의사결정의 관계를 보편적으로 받아들일 수 있는 타당한 기준 또는 원리를 공의라고 하겠다. 즉, 공의는 개인과 사회관계를 설정하는 데 필요한 근본적인 도덕적, 윤리적 기초라고 할 수 있다.

공의가 인간에게 중요한 의미를 가지는 것은 사회생활을 지탱하는 기본 원칙 중의 하나로 모든 사람들이 바람직하다고 보는 덕목이기 때문이다. 한정된 자원을 사용하는 상황하에서 경제적 가치재를 어떻게 분배하는가는 개인의 이익뿐 아니라 사회 전체의 이익과 직결되는 문제이기 때문이다.

어떤 사회에서 그 사회의 구성원들의 선을 향상시키도록, 공의에 관한 공공의 인식에 의해 그 사회가 효과적으로 관리될 때, 그 사회는 안정된 상태에 있다고 할 수 있다. 즉 대부분의 사람들이 공의의 원칙을 받아들이고 다른 사람들도 그러한 공의의 원칙을 받아들인다고 인식되어질 때 그리고 그 사회의 근본적인 제도가 이러한 원칙을 존중하고 수용하고 있을 때 그 사회는 질서 있는 사회이다. 배분적 공의는 사람들에게 기본적인 권리와 의무를 부여하고 사회적 혜택과 비용을 적절하게 분배하기 위한 일련의 과정이라고 할 수 있다.

형평이론(Equality Theory)에 의하면 투자나 헌신한 정도에 따라 각자에게 다른 보상이 주어질 때 공의가 성립된다. 하지만 각 개인의 투자나 헌신에 따라 비례적으로 보상이 주어진다 할지라도 그 보상 시스템이 공정하다는 인식을 심어 주기란 쉽지 않다. 이는 개인들이 투자나 헌신뿐만 아니라 자신의 상황이나 욕구에 따른 차별적 보상 또한 공정으로 인식하는 경우가 있기 때문이다. 분배적 공의에서 개인이 느끼는 공의에 대한 인식은 개인이 받는 보상에 의해서도 결정되지만 그 보상을 결정하는 과정의 공정성 및 보상을 결정하는 주체의 적법성에 의해서도 좌우된다.

과정적 공의 또한 중요하다. 집단에서 공정하다고 인정받는 것은 집단의 목표를 개인의 것과 일치시킴으로써 가능하다. 이를 통해 집단에 대한 개인의 충성도를 높일 수 있으며, 어떤 보상을 결정하는 과정이 공정하였다면 비록 그 보상이 비정상적인 부정한 것이라 할지라도 개인들은 그 결과를 수용한다. 상호 관계적 공의 또는 인간관계적 공의는 개인의 보상을 결정하는 주체자가 피주체자인 개인에게 얼마나 존경심을 가지고 있는가와 연결된다. 사회나 조직에서 존경심이 결여되어 있는 관계하에서는 배분적 공의 또는 과정적 공의와 무관하게, 피주체자인 개인은 공격적인 성향을 나타내며 불편한 관계를 해소하기 위해서 오히려 부정적인 행위를 나타내는 경향이 있다. 과정적 공의의 구성 요건으로는 일관성, 불편성, 정확성, 수정 가능성, 대표성,

윤리성이 있다. 과정적 공의에 대한 지표로는 인간적 존중심 요인, 지위 인정 요인, 과정 통제 요인, 수정 가능 요인, 신뢰 요인이 있다.

나눔 경영

나눔(Sharing)은 기업의 고유 활동 중의 하나인 거래와 관련되어 있다. 기업은 그 자체로 사회적 활동을 한다. 그래서 사회적 성격을 가지고 있기 때문에 상호 의존적이며, 나누어 주고(나눔 경영) 도와주는 (상생 경영) 교환 및 거래에 의해 생존할 수 있다. 기업은 사회적 약자를 배려하는 나눔 경영과 상생 경영으로써 사회적 책임의 수행을 강조한다. 이익만을 추구하는 영리 조직체라는 근대적인 패러다임에서 탈피하여, 지역 공동체 및 지역의 약자와 함께하는 동반자로 나아갈 때 책임 있는 기업이라 할 수 있다.

나눔은 형평과 공의라는 두 가지의 준거가 균형 있게 놓일 때 달성되는 것이라고 할 수 있다. 지식 정보화 시대에서 나눔이 정당성을 갖기 위해서는 분배의 형평과 공의가 선결되어야 한다. 지식 정보화 시대의 개인 간의 소득격차 및 기업 간의 소득격차는 정보와 기술의 가치와 잠재성에 의해 과거 아날로그 시대보다 훨씬 더 중요시되고 있다. 형평과 공의가 등한시될 경우 그 나눔은 오히려 문제가 될 수 있다. 즉, 상대적 박탈감이나 불평등에 대한 불만이 커지면서 사회 및 조직의 발전을 저해할 수 있다.

기업 경영 활동은 기업의 목표와 경영 활동의 실행의 면에서 사회와 밀접하게 연관되어 있다. 그래서 기업 활동은 비록 그 사회의 문화적 상황을 반영하기를 원하지 않을지라도 그것을 염두에 두어야 한다. 기업 활동은 사회의 구조를 분열시킬 수 있고 이념적인 양극화 현상을 탄생시키기까지도 한다. 이러한 구조적 분열과 양극화 현상은 나눔을 어떻게 정의 내릴 것인가 하는 문제와 직결된다. 진정한 나눔은 참된 평등과 올바른 공의를 수반하여야 한다.

기업의 사회적 책임

최근 우리나라는 기업의 사회적 책임에 대해 그 중요성을 인식하기 시작하였다. 그러나 아직도 기업의 사회적 책임이 무엇인가에 대해서는 대다수 기업인들에게는 정확히 알려져 있지 않다. 기업의 사회적 책임(Corporate Social Responsibility: CSR)은 기업의 생산 활동을 통하여 고용, 유효수요, 부가가치를 창출하는 경제적 책임과, 사회적 법 제도 및 규범 안에서 기업을 경영하는 법적 책임과, 기업의 영향력이 점점 확대됨에 따라서 갖게 되는 윤리적 책임 및 자선적 책임 네 가지로 대별할 수 있다. 글로벌기업을 지향하는 기업의 사회적 책임에 대한 중요한 키워드로는 인권 측면, 기업윤리 측면, 대내외 환경 측면, 지역공동체 참여 측면과 같은 내용이 고려될 수 있다. 기업은 이러한 책임과 기업의 가치 창출이 어떻게 관련되어 있는지에 관해 관심을 가지고 있다.

사회적 책임 문제와 관련된 주제에서의 두 가지 핵심은 책임감과 투명성이다. 사회적 책임의 목표는 해당 기업 및 그 기업의 이해관계자 집단 그리고 사회 가치를 일치시킴으로써 기업의 경영 성과를 올리는 동시에 사회적 안녕에 긍정적인 영향을 주는 것이다. 오늘날과 같은 지식 정보화 사회에서는 정보 전달이 순식간에 이루어지고 있어 기업의 의사 및 활동이 더 이상 비밀로 존재할 수 없게 되었다. 따라서 기업의 비즈니스 관행이 기업의 이미지 및 경영 성과에 직결되고 있다. 기업의 비즈니스 관행으로는 다음과 같은 것들이 있다.

첫째, 인권 측면으로 국제인권정책 기준 준수 및 다양성을 통한 진정한 기회균등을 실천하는 것이다. 우리나라는 최근 외국인 노동자를 많이 고용하고 있다. 이들에 대한 고용정책 및 기회 보장의 정도가 그 기업의 사회적 책임에 대한 인권 측면의 성적표가 될 것이다.

둘째, 기업 윤리 측면으로 투명경영과 정직한 회계 및 공정 거래의 실현이다. 기업이라면 당연히 행하고 있어야 할 내용들이 아직도 우리들의 기업 관행에서 무시되고 있으며 단기적인 기업 성과 및 기업 지배구조 고수에 악용되고 있다.

셋째, 대내외 환경 측면으로 환경보존을 위한 노력 및 근로 조건과 작업장 환경의 개선이다. 이는 기업 규모에 관계없이 지구의 미래 보존에 대한 중요성을 느끼고 모든 기업이 동참해야 할 중대한 사안이다.

마지막으로 지역 공동체 참여 측면으로 문화 및 자선 사업, 장학사회 등의 실천이다. 기업의 체면이나 기업의 문제점을 회피할 목적으로 일시적이고 임시적인 전시용 사업이 아닌 보다 장기적이고 진정성이 배어 있는 사회사업의 실천이 요구된다.

평등, 공의, 나눔에 의한 접근 방안

평등, 공의, 나눔을 통한 기업의 사회적 책임 문제는 과거의 경영 패러다임 또는 아날로그 시대의 기업 경영 패러다임 시대에서는 중요시되지 않았다. 새로운 시대인 디지털 기업 경영 시대에는 기업의 경영 전략의 변화가 아니라 경영 패러다임의 변화로 인식되어야 한다. '현실 기업 세계에서 평등, 공의, 나눔이 어떻게 기업의 생존을 위한 가치임과 동시에 기업이 지켜 나가야 할 사회적 책임인가.' 이는 양립할 수 없는 기업 경영 철학이 어떻게 조화롭게 될 수 있는가에 관한 논제이기도 하다. 서로 다른 기업 문화, 정체성, 이념, 사명을 가진 기업이 어떻게 성공적으로 기업의 사회적 책임에 대한 공감대를 형성할 수 있는가는 중요한 논제가 되고 있다. 기업 간에 불필요한 장벽을 허물고 서로 나눔과 상생이 가능하기 위해서는 서로를 위한 평등과 공의를 추구해야 한다. 서로 간의 갈등과 반목이 상존하는 기업 세계에서 평등을 위해 어떻게 역할을 다할 수 있는지에 대한 방안들이 검토되어야 한다.

기업이 사회적 책임을 수행하는 데 있어 결정요인은 평등, 공의, 나눔이다. 평등, 공의, 나눔은 기업의 참된 사회적 책임에 직접적인 또는 간접적인 영향을 주는 요인이라 할 수 있다. 기업은 지역 공동체이든

글로벌 공동체이든 그 공동체에 부합하는 텐트로서의 역할을 해야 한다. 지역에서 경기침체로 기업 운영에 고통받는 기업들에게 보다 여유가 있는 기업에서 상생할 수 있는 나눔 경영을 하려는 것은 주요한 의사결정이다. 이는 지역적 나눔을 넘어서 글로벌 수준의 나눔 경영을 한다고 할 수 있고 문화적 차원을 초월하여 새로운 상생 관계를 나타낼 수 있다.

사회적 책임에 대한 접근 방안

기업의 사회적 책임을 유도하기 위해서는 기업을 운영하는 개인이나 집단이 기업을 사회의 일부로서 책임 있게 관리해야 하는 존재임을 강조하면 된다. 즉, 기업 소유자는 청지기로서의 사회적 책임을 져야 한다는 것이다. 기업의 사회적 권한이 많든 적든 관계없이 사회적 책임의 의무는 모든 기업들에게 동일하다.

그러나 일반적으로 권한이 매우 적은 기업인 생계형 기업은 기업의 사회적 책임을 묻는 현 상황과 현재의 시스템을 비난하기 일쑤이다. 따라서 기업의 사회적 책임을 다하기 위한 청지기 정신을 발휘하는 데 실패할 수 있다. 그래서 기업의 경영자들은 어떻게 사회적 책임을 질 수 있는가를 항상 전문가와 자문하며 묻고 답할 수 있도록 공동체 모임을 구성할 필요가 있다.

기업은 사회의 화해와 희망을 제공할 수 있는 대행자 및 촉진자로서 새로운 일자리를 창출하고 보다 건전하고 효과적으로 합리적인 의사결정을 행할 필요가 있다. 협력기업들과 서로 상생할 수 있는 방안을 모색하며 이런 과정을 통하여 기업이 서로 상생할 수 있게 될 때 기업의 사회적 사명은 실현된다고 하겠다. 기업이 철저하게 사회적 책임을 완수하는 것은 결코 쉬운 일이 아니다. 그러나 기업이라면 사회적 책임을 무시하거나 팽개쳐 버릴 수 없기에 반드시 해야 할 필요조건이다.

 기업의 사회적 책임에 대한 인지는 어떻게 기업의 사회적 측면과 비즈니스 세계를 연결시킬 수 있는가 하는 논제에 대한 실마리를 제공하고 기업이 실질적인 경영방침을 세울 수 있게 해 준다. 모든 기업 활동이 사회적 책임에 근거한다는 경영자의 분명한 경영 철학을 바탕으로 운영될 때 비로소 그 기업은 사회적 책임을 온전하게 수행할 수가 있다. 이러한 노력은 결국 평등, 공의, 나눔과 직접적인 관련성을 가지게 되며 기업의 경영 활동을 사회적 존재로서의 기업의 삶과 연결시킬 수 있게 된다.

 만약 기업이 '나의 이웃이 누구인가?'를 묻는다면, 오히려 '그 기업이 나의 이웃이 되는가?'라는 물음을 되물음으로써 기업 세계에서의 건전한 관계 정립이 이루어질 수 있다. 기업이 영향력이 있고 훌륭한 비즈니스를 하는 것은 기업을 둘러싼 모든 사회적 이해관계자들에게 도움이 될 뿐만 아니라 궁극적으로는 모든 기업 경영 활동이 원활하게 운영될 수 있도록 하는 것이다. 경영자의 측면에서는 비즈니스를 하나의 직업적 소명으로서 봐야 한다. 뛰어난 기업 운영은 개인 한 사람 한 사람의 삶을 더욱 값있게 하며, 경영자에게 기업을 경영해도 된다는 정당성을 부여하게도 해 준다. 이는 곧 나눔의 경영을 통하여 기업의 사회적 책임을 수행하는 모습으로 변화될 것이다.

이러한 노력에 의해 생기게 되는 결과는 기업의 권한과 특권의 확대가 아니라 기업을 둘러싼 이해관계자들에게 이득이 되도록 행사해야 한다. 책임 있는 기업이라면 기업 비즈니스의 실천 행동과 기업의 사회적 책임을 명시하고 강력한 실천 의지를 보여야만 한다. 또한 그 결과를 지속적이고 공개적으로 사회에 제공해야 한다. 이러한 노력을 경주하는 기업들을 우리는 진정한 기업이요, 사회적 책임을 다하는 기업이라 할 수 있다.

기업의 사회적 책임에 대한 성경적 함의

사회적 책임은 모든 기업에서 필요하다. 그중 특히 크리스천이 경영하는 기업의 경우 시민들은 일반 기업의 사회적 책임보다 더 높은 수준에서 사회적 책임을 수행할 것을 요구하며, 또 그렇게 수행할 필요가 있다. 이러한 배가 노력을 통하여 자연스럽게 크리스천의 사회에 대한 참된 사명의 모습을 드러낼 수 있으며 이것이 바로 오늘날 크리스천에게 요구하는 지상 명령이다. 크리스천 기업에게는 지금 새로운 시대적 사명이 요구되고 있다. 그 요구에 대한 하나의 중요한 축으로 기업의 사회적 책임이 자리를 차지하고 있다. 진정한 크리스천 기업은 선한 청지기의 모습을 하고 섬김의 리더십을 가진 기업가 및 경영자들을 요구하고 있다.

　세계 인구의 30%가 크리스천이지만 그들은 세계 전체 수익의 60%를 향유하고 있다. 또한 소득의 95%를 자신을 위해 쓰며 단지 극히 일정 부분만을 나눔을 위해 사용한다. 세상에 대한 하나님의 긍휼을 나누어야 할 때 자신의 종교적 경험을 개인화하는 것은 잘못된 것이다. 성공한 기업가들이 크리스천에 의해 만들어진 프로그램에 기금을 제공하기 위해 겨자씨재단을 세웠다. 이 겨자씨재단은 삶 속에서 크리스천의 직업관을 올바로 깨닫는 기회를 제공하며 나눔을 실천하는 장이 되고 있다.

　크리스천 기업에게는 사업에서 금전의 사용을 무작정 비난할 것이 아니라 나눔에 있어서의 관대함을 요구해야 한다. 이 관대함은 사람들 간의 평등한 관계에 초점을 두고 있다. 정상적인 기업 활동을 위해 필요한 각종 경영 활동은 인위적으로 과도하게 설정된 기업 목표를 만족시킬 수 없다. 따라서 평등, 공의, 나눔을 통한 기업의 사회적 책임에 대해 특별한 관심을 요구하게 된다. 크리스천 기업은 지위나 물질적 성공보다 봉사를 통하여, 그 기업의 참된 사회적 책임 및 기업 경영 활동이 판단받게 된다. 축복을 판단하는 기준으로 크리스천의 특징을 판단하고 있는 것이다. 크리스천 기업으로서 다른 기업이나 사람을 통치하려는 것은 잘못되었음을 알아야 한다. 크리스천 기업은 기업 세계에서 역할 모형으로서 그 자신을 나타내어야 한다. 섬김을 받으려 하는 것이 아니라 도리어 섬기려 해야 한다. 이를 통해 기업의 사회적 책임에 대한 새로운 패러다임을 제공할 수 있다.

기업 세계에서 가장 일반적이면서 중요한 경영 문제는 노사관계에 관한 것이다. 기업의 경영과 평등, 공의, 자유에 대한 요구 사항 사이에서 크리스천 또한 예외 없이 갈등할 수 있다. 그러나 사(社)는 노 측과 평등하게 관련되어 있음을 알아야 한다. 또한 노 측은 임금에 상응하는 정직한 노동을 해야만 한다. 기업의 사회적 책임은 어느 한쪽만의 의무가 아니라 기업을 구성하는 모든 구성원들의 공동 책무임을 알 수 있다. 보다 승화된 크리스천의 경영 윤리는 삶의 특권의식을 누리는 데 있어서의 책무(Accountability)이다. 이 원리는 우리를 불평등, 인종 및 남녀 차별에서 자유롭게 할 것이다.

자존심, 의존성, 무책임과 같은 문제를 불러일으키지 않으면서 약자에게 나눔의 실천과 물질적인 도움을 주기란 쉬운 것이 아니다. 크리스천 기업은 불로소득 없이 이를 해결하기 위한 효과적인 방법을 찾아야 한다. 단순한 보조보다는 기회를 제공하는 식으로 어려운 사람을 도울 방법을 찾아야 한다. 크리스천 기업에게는 기업 경영 활동에 있어서 성경적 관점에서 해결할 수 있는 방법들이 있다는 것을 주지시켜 줄 필요가 있다. 대표적인 예를 하나 들어 보겠다. 구두 수선공이 크리스천으로서 어떻게 소명을 다할 수 있는지에 대한 예가 있다. 구두 수선공은 그가 만든 모든 구두에 십자가의 형상을 새기는 것이 더욱 진정성이 있어 보였지만 그렇게 하지 않았다. 진정한 크리스천으로서의 구두 수선공은 십자가를 만드는 것으로서가 아니라 좋은 구두를 만드는 것에 있다고 믿고 그는 좋은 구두를 만드는 것에 집중하였다.

산상수훈에서 보여 주는 기업 경영 원리는 참되고 진실하게 공의를 행하는 것이다. 물질에 대한 집착으로 세속의 보물을 소유하는 것이 아니라 필요한 사람들에게 물질을 서로 나누는 것이다. 약간의 나눔을 하고 긍휼을 주는 것은 쉽지만 진정한 도움은 아닐 것이다. 그보다 기회나 일자리를 제공해 주는 것이 보다 의미 있고 지속적인 일일 것이다. 기업 경영 세계에 이러한 원리의 적용은 각 개인에게 물질을 베풂으로써 개인적인 자유와 개인적인 성취를 추구하게 하려는 데 의미가 있다. 기업 내에서 더욱 구체적인 나눔을 통한 기업의 사회적 책임 수행은 노사 간에 기업의 이익을 공유할 수 있는 방안을 함께 계획하고, 종업원들의 자녀에게 교육비를 보조하며, 의료보험 및 산재보험 등 각종 보험료의 일부를 보조하는 것이 될 수 있다.

또한 오늘날의 기업 세계에서 최저 생계 수준의 소득 때문에 신용이 불량한 종업원을 돕는 것 또한 나눔의 경영이 될 수 있다. 예를 들어, 신용불량자 및 그 가족들이 은행의 직원들과 함께 신용 회복을 위한 시간을 나눔으로써 스스로 그 신용불량 상태에서 벗어나게 할 수 있는 자신감을 만들게 하는 경우이다. 우리는 단순히 그 결과를 나누는 것이 아니라 노하우를 나눔으로써 더 많은 사람에게 더 많은 삶의 활력과 구체적인 방법을 제공하도록 도와야 한다.

지금까지의 내용을 바탕으로 평등, 공의, 나눔에 의한 기업의 사회적 책임과 관련하여 다음과 같은 7가지 실천 방안을 제언하고자 한다.

① 기업 활동에 직접적으로 관련되어 있는 평등, 공의, 나눔을 실천한다.
② 평등, 공의, 나눔은 기업의 사명, 목표, 전략 및 실무에서 적용한다.

③ 평등, 공의, 나눔을 통하여 기업의 사회적 책임을 지속적으로 강화한다.
④ 기업의 사회적 책임은 기업의 경영 활동을 통하여 실현한다.
⑤ 기업에서의 사회적 책임은 필요조건이지 충분조건이 아니다.
⑥ 기업의 사회적 책임은 지속 가능한 기업의 목표와 이윤에 반하는 것이 아니다.
⑦ 기업이 사회적 책임을 다함으로써 사회를 변화시킬 수 있다.

오늘날의 사회는 고도로 전문화되어 가고 있다. 그래서 기업들은 생존을 위해 이기적인 태도를 지닐 수밖에 없다. 그리고 이로 인해 기업과 사회는 개별적인 것처럼 여겨지고 있다. 기업의 생존을 위해서 기업의 사회적 책임을 등한시하는 경우가 많다. 그러나 크리스천 기업은 기업이 어려운 상황에 처할수록 오히려 사회적 책임을 실천하기 위한 노력을 다해야 한다. 일반적으로 기업이 어려울수록 형평, 공의, 나눔은 그 기업 경영의 우선순위에서 밀려난다. 이때 기업은 오직 생존을 위해서 모든 희생을 감수한다. 형평, 공의, 나눔에 관한 사례들은 크리스천 기업이 기업을 확장하고 시장에서 지배적 영향력을 행사할 수 있도록 기업 경영을 하는 것이 아니라, 그 기업이 사회적인 책임을 어떻게 더 강화할 수 있는지를 보여 주고 있다. 크리스천 기업은 기업 경영 활동을 통하여 세상을 사용하지만 남용하지 않으며, 물질과 창조의 질서를 활용하지만 물질로써 우리의 삶의 목적을 달성시키려 하지 말아야 할 것이다. 즉, 우리가 일반적으로 말하는 기업을 경영한다는 말의 의미는 크리스천 관련 사업이나 크리스천의 방법으로 기업을 운영하는 것을 의미하지는 않는다. 오히려 크리스천 기업은 반드시 성경적인 동기와 성경적인 기준, 성경적인 목표, 성경적인 의사결정 과정 및 성경적인 통찰력을 가지고 기업 경영 활동을 해야 한다는 의미이다.

오늘날의 경영 세계는 급격한 변화의 물결 속에 있다. 경영 환경의 변화는 기업의 사회적 책임에 대해 새로운 패러다임으로의 전환을 요구하고 있다. 그러나 아직도 새로운 패러다임으로의 전환을 외면하려는 기업들이 많다. 기업의 존재 및 사회적 책임에 대한 문제를 바라보는 인식의 틀이 과거의 패러다임에 묶여 있어 기업의 사회적 책임 문제를 정확히 정의하고 진단하고 분석하고 대안을 제대로 제시할 수 없다. 과거의 성공적인 경영 해법이 과거의 경영 질서에서는 적용될지 모르지만 새로운 경영 질서에서는 적용되지 못한다. 우리나라 기업이 이제 점차 글로벌기업으로 변화되고 있다. 이제 어느 기업도 기업의 사회적 책임을 등한시하고는 기업의 생존 및 존재 가치를 정당화시키기가 어렵게 되고 있다. 기업의 사회적 책임에 대한 패러다임의 전환이 요구되는 시기에 새로운 모범적 인식의 틀을 형성시켜야 한다. 그것은 어쩌면 크리스천 기업으로서 해야 할 의무일지도 모른다. 훌륭한 크리스천 기업들은 과거 그 시대의 중요한 시기에 새로운 패러다임으로의 전환을 위한 선구적 역할을 해 왔다. 크고 작은 기업 조직은 새로운 패러다임에 대한 통찰력을 가지고 이를 적용하려는 노력을 해야 한다.

여기까지 평등, 공의 및 나눔에 의한 기업의 사회적 책임이 왜 필요한가를 검토하였으며, 이를 통하여 기업과 개인이 평등, 공의, 나눔이라는 기업의 사회적 책임을 수행하는 데 있어서의 의미와 실천방안을 제시하였다. 평등, 공의, 나눔은 서로 유기적으로 상호작용 하는 경우에 실질적인 가치를 지니게 된다. 평등을 수반하지 못한 공의는 정당화될 수 없고, 공의의 중요한 실현 방법이 평등인 것이다. 특히 오늘날의 기업은 나눔을 통하여 기업의 사회적 책임을 수행할 수 있는데 이러한 나눔은 평등과 공의에 대한 정확한 인식 및 사회적 책임을 실현하려는 노력이 없이는 이루어질 수 없다.

또한 성경적 관점에서 평등, 공의, 나눔이 어떻게 기업의 사회적 책임과 관련 있는지를 알아보고 이를 통해 다양한 관점을 고찰하였다. 그리고 평등, 공의 및 나눔에 대한 보편적 원리를 규명하였다. 향후 기업의 사회적 책임과 관련하여 기업 경영 활동에 직접적으로 활용 가능한 지침서 및 적용 가능한 성경적 원리들을 구체적으로 제시할 필요가 있을 것이다.

묵상하기

지속 가능한 기업의 사회적 책임은 단순히 선택이 아닌, 신앙 공동체와 창조 세계를 위한 필수적인 소명이다. 크리스천 관점에서 볼 때, 이는 성경적 가치를 기업 활동에 적용하고 실천함으로써 이루어질 수 있다. 평등을 실천하기 위해서는 모든 사람이 하나님의 형상대로 지음받았으며 신앙적 진리에 근거하여 기업이 개개인의 인권을 존중하고 차별 없는 환경을 조성하도록 이끌어 나갈 필요가 있다. 공의를 실천하기 위해서는 하나님의 정의로운 통치를 반영하여 기업이 공정한 거래와 윤리적 경영을 실천하며 보다 적정 경영 관행을 세워 나가는 데 헌신하도록 요구해야 한다. 나눔을 실천하기 위해서는 예수님의 사랑을 본받아 기업이 다양한 이해관계자를 위해 가치를 공유하고 상생하도록 해야 한다. 이로써 기업은 지속 가능한 공동체 형성에 기여할 수 있다.

이러한 원칙들은 단순히 이상적인 도덕적 지침에 그치지 않고, 실제 기업 운영과 경영 전략 속에서 실질적인 비전과 방향성을 제공한다. 이를 통해 기업은 단순히 경제적 성장을 추구하는 것을 넘어, 하나님 나라의 가치인 사랑, 정의 그리고 섬김을 세상에 실현하는 도구가 될 수 있다.

크리스천 관점에서 기업의 사회적 책임은 이 땅에서 하나님의 뜻을 이루고, 사람들에게 하나님 사랑의 실체를 경험하게 하는 통로가 된다. 평등, 공의, 나눔이라는 성경적 원칙을 기반으로 기업은 더 나은 세상을 창조하는 데 동참하고, 상생하며 선한 영향력을 확장한다는 사명을 감당할 수 있다. 이는 하나님께 영광을 돌리고, 모든 세상에 속한 피조물과의 조화를 이루는 길임을 믿는다.

크리스천의 자기 경영

한국 기독교의 역사는 이제 100년을 훌쩍 넘어섰다. 기독교가 전해 내려오던 초기 우리나라의 사회적 기반은 열악하였다. 조선시대의 끝 무렵에 있던 우리나라는 문맹률이 높았고, 민간 토속신앙과 혼합된 유교 사상이 오랜 세월 동안 국민의 의식에 침투됨에 따라 기복적이며 무속적인 신앙 양태가 국민 생활 속에 깊이 뿌리내리고 있었다. 초기 기독교는 국민 개화와 삶의 질 향상에 크게 이바지했다.

이 과정에서 교회의 지도자들은 큰 역할을 하였다. 목회자들은 소명 의식을 가지고 신학교에 입학하여 목회자 양성 과정을 거쳐, 대체로 지적 수준이 낮은 교인들을 가르치는 일에 많은 공헌을 하였다. 선교 초기에는 신학이 그리 체계화되지 않았을 뿐만 아니라 교육 환경이 열악하였다. 신학을 소화해 낼 학문적 배경과 관계없이 대부분 소명 의식과 열정이 있으면 성경학교나 신학교 입학이 허용되었고, 교육 과정도 단순했다. 이런 과정에서 배출된 목회자들은, 성경에 기초한 설교보다는 개인적 경험이나 다른 이들의 예화 설교를 주로 하였다. 이러한 설교들은 내용의 깊이가 얕고 매우 단순하며 체계적이질 못하였다. 이뿐 아니라, 교인들에게 정통한 진리로 교육하는 일은 방치한 채 물량주의적으로 교회를 이끌어 가는 목회 방법도 허다하였다고 지적한 이도 있다. 여기다가 목회자가 부족하여, 신학 공부를 안 한 사람들이 전도인, 조사 또는 영수라는 이름으로 목회를 담당한 적도 있었다.

 이런 배경을 가진 한국 교회는 성경에 기반한 교리와 신학적 지식에 기초를 두기보다는 목회자 개인의 가치관이나 신념들이 교회를 이끌어 가는 핵심이 되었고, 이 과정에서 비성경적이고 비신학적 신앙 양태들이 한국 교회의 맹신적 신앙 관습으로 뿌리내리기 시작하였다. 소수의 특별한 영적 체험을 했던 사람들이 부흥회 강사로 초청되어 집회하면, 그 집회는 온통 영적 체험에 집중되고, 성경을 가르치는 일은 뒷전으로 밀려나기도 하였다. 예언 기도, 질병 치료 등과 같은 신유 집회나 영적 각성 집회가 한 주류를 차지하기도 하였다. 이런 집회에서 악령이 훼방하는 영적 체험을 신령한 은사처럼 착각하기도 하고, 방언이나 특별한 은사를 받지 않으면 구원이 없는 것처럼 여기는 잘못된 현상이 일어나기도 하였다. 어떤 은사가 특정인의 전유물처럼 되고, 영적 권위로 맹목적인 강요와 굴복을 요구하는 목회자들도 이 무렵에 많이 생겨나기도 했다.

 이와 때를 같이하여 6.25 전쟁과 같은, 사회 전반에 불어닥친 산업화 및 인간 소외 등은 또 다른 신앙적 왜곡을 초래하였다. 예수 믿고 복 받자는 기복신앙을 싹틔우는 계기가 되기도 하였다. 한국 기독교의 과다한 기복적 성격은 전쟁과 그 후 사회 위기의 환경 속에서 독특하게 형성되었으며, 기독교계에 나타난 뚜렷한 변형이었다. 전쟁의 충격 속에서 살아가야 하는 기독교인들은 그가 속한 공동체가 그 삶을 보장해 주지 못하는 상황을 맞이하여, 스스로가 생존 문제 해결에 매달려야 했다. 이런 과정에서 사람들은 삶의 기본적이고도 복잡한 문제들을 해결하도록 도와주는 새로운 형태의 의례와 신앙 체계를 기독교에서 찾게 되었다. 교회 설교자들은 이러한 욕구 충족에 필요한 위로와 현세 복락 요소를 강조하면서 성도들이 기복주의 신앙을 가지도록 촉진하게 되었다.

국민소득 향상에 따른 대체 종교의 출현과 주 5일 근무제와 같은 노동시간 시스템도 신앙생활에 영향을 주는 사회적인 큰 변화였다. 대체로 사회학자들은 1인당 국민소득 8,900달러를 기준으로 종교가 국민 생활에 변곡점이 된다는 사실을 말한다. 이 기준 이하의 국민은 경제적 결핍이나 사회적 불평등과 같은 현상을 종교에 의지하여 해결하는 경향이 높지만, 이 기준을 넘으면 생활에 어느 정도 여유가 생기고 자신의 또 다른 욕구 충족을 위해 대체 종교로 눈을 돌린다고 한다. 대체 종교는 곧 스포츠, 영화, 텔레비전, 취미 생활과 같은 것을 말하는데, 이것을 즐기면서 자신의 영적 또는 심리적 욕구를 충족하려 한다. 굳이 종교가 아니더라도 얼마든지 자신의 영적 공허를 다른 것으로 채워 나간다는 것이다.

한편으로 한국에서는 크리스천들의 신앙생활이 의례화되어 가는 경향을 보이기도 한다. 한국갤럽이 지난 30년간 한국인들의 종교와 종교의식 변화를 비교·분석한 자료에 의하면, 주일예배와 헌금 생활에 개신교인들이 가장 열심을 보였다. 일주일에 1번 이상 예배에 참여한다고 응답한 비율이 80%로 가장 높았으며, 십일조 헌금을 한다는 응답률이 68%로 나타났다. 이에 반해, 비종교인의 호감 종교는 불교가 25%, 가톨릭은 18%, 개신교는 10%의 순서로 나타나, 10년 전에 비해 개신교는 12%포인트 하락하였다. 이러한 결과에 대해 한 기사에서는 '그동안 한국 교회가 부흥과 성장을 목표로 교회 중심적 신앙생활의 모범만 강조해 온 결과가 반영된 것'이라고 말한다. 신앙생활의 터전은 이웃과 학교, 직장 등 교회 울타리를 벗어난 세상이라는 점을 인식하면서 교회 안팎의 삶에 있어서 함께 본을 보이는 것이 바람직한 신앙이라고 강조하기도 했다.

또 한국 교회에 출석하는 교인들 10명 중 4명은 명목상 교인인 것으로 분석하였다. 명목적 크리스천은 정기적 또는 간헐적으로 예배에 출석은 하지만 신앙생활에 대해 진지하거나 절실한 의지가 거의 없는 교인들을 지칭한다. 이들은 문화적 기독교인, 관념적 기독교인, 잃어버린 기독교인으로 불리기도 하는데 진정한 기독교인, 실천적인 기독교인과 대비되는 표현이다. 명목상 교인은 세 가지 영역을 하위 범주로 삼아 측정된다: 신앙 활동, 정체성, 신념. 이들은 예배에 출석하고 있으나 성경 읽기와 기도를 거의 안 하고 스스로 기독교인이 아니라고 여기며 구원의 확신이 없다는 등의 특징을 띄고 있다. 20대, 미혼, 직분을 가지지 않은 사람, 100~499명의 교회에 출석하는 자들이 상대적으로 높은 비율을 차지한다. 기독교를 믿는 이유에 대해서도 마음의 평안을 얻기 위함이라는 답변이 47.8%에 이르고, 기독교 본질인 구원과 영생은 이의 절반 수준에도 못 미치는 20.9% 수준을 보인다. 기독교 신앙의 가장 핵심이 되는 구원에 관한 응답도 관심을 끈다. 10명 중 6명은 기독교에만 구원이 있다는 질문에 대해 그렇지 않다고 응답해, 신앙적 명제에 대해 확신이 없는 것으로 보인다. 신앙생활의 기초가 되는 성경 읽기에 대해서도 다채로운 결과를 나타낸다. 성경을 읽는 시간에 대해서, 명목상 교인의 경우 거의 안 읽는다가 44.1%로 가장 높았고 매일 읽는다는 7.7%의 수준이다.

또 하나의 거대한 변화는 2020년 2월에 발생한 코비드19이다. 이때 우리나라에서 사회적 거리 두기가 강도 높게 실시되었고 예배 집회가 폐쇄되는 전대미문의 사태가 발생하였다. 이 시기에 온라인 영상예배가 정착되었고, 감염병 범유행(팬데믹) 이후에도 교인 수가 뚜렷하게 감소하여 예배 공동체의 약화 현상이 심각한 문제로 대두되었다. 이런 과정을 거치면서 이 교회 저 교회로 둥둥 떠다닌다는 의미를 지닌 플로팅 크리스천(Floating Christian)이란 낯선 단어가 생겨났다. 자신이 등록한 교회는 있지만 영상매체를 통해서 다른 교회 예배를 시청하거나, 특정 교회에 등록하지 않고 여러 교회의 온라인 예배를 드리는 떠돌이 교인들이 20%가 넘는다는 자료들도 있다. 이런 현상을 연구하는 사람들은 자신의 상황에 맞춰 온라인으로 예배를 드리는 교인들이 사라지지 않으리라고 전망하기도 한다.

크리스천의 맹신 내용

 맹신이란 옳고 그름을 가리지 않고 덮어놓고 믿는 일을 의미한다. 이 말은 주로 약, 사람, 종교에 대해 사용되고 있다. 교회에도 여러 가지 맹신이 존재한다. 크리스천에게는 믿음과 맹신을 구별할 수 있는 눈이 있어야 한다. 믿음이란 하나님이 구원의 은혜와 함께 우리에게 주시는 선물임과 동시에 하나님께 반응하는 우리의 표현이다. 반면에 내가 바라는 결과를 끌어내기 위한 단호함을 신념이라 하고, 어떤 목적에 맞춰진 과도한 동의를 맹신으로 구별할 수 있다. 믿음이 요구하는 인격적 요소를 무시하는 광신과도 믿음은 확실히 구별된다. 여기서는 맹신을 크리스천들이 신앙생활을 함에 있어서 자기 목적에 맞춘 비성경적 사고와 행동이라 하고, 맹신의 문제에 대해 생각들을 함께 나누고자 한다.

영적 체험에 대한 맹신

 "교회의 기도 모임 같은 소그룹에서 방언은 받았어요? 이걸 안 받았으면, 우리 그룹에 오는 것은 좀 곤란한데…."라는 말을 우리는 종종 듣게 된다. 이것은 방언에 대한 맹신의 대표적인 예이다. 성도들의 영적 체험은 교회의 성장에 큰 역할을 해 왔다. 예컨대 사도행전의 오순절 다락방 성령 체험은 초대 예루살렘교회 성장의 기폭제가 되었다. 은사 중에 방언은 가장 흔하게 드러난 것이다. 방언에 대해서 여러 가지 해석이 있다. 일부러 공부하거나 익히지 않았는데도 외국어를 말하거나, 이해할 수 없는 영적인 언어라고도 하고, 사람이 이해할 수 없는 천국에서 사용하는 언어라고 하기도 한다. 사람들이 알 수 없는 음의 느낌을 주는, 말하는 찬송이기도 하다. 실제로 성경적 방언은 사도행전에서와 같이, 사도들이 방언으로 설교할 때 각 지방에서 온 사람들이 그 내용을 알아들을 수 있는 그러한 말이었다.

오늘날 이런 방언에 대해서 일부 교회에서 맹신하는 현상이 있다. 황홀경의 언어는 거짓된 종교에서 발견될 수 있다고 한다. 방언을 가르치는 경우도 있다. 교회 소그룹 모임에서 앞선 사람이 하는 소리를 듣고 그 소리를 따라 하기도 한다. 주변의 방언을 하는 성도에게 방언을 하게 된 과정을 질문해 보면, 이런 과정을 거쳤다는 말을 우리도 자주 듣는다. 초대교회와 현실이 다른 오늘날에 방언의 필요성에 의문을 제기하는 사람들도 있다. 사도행전을 기록했던 시절에는 성경도 없고, 사도들의 설교를 다른 언어로 통역해 줄 사람이 없었기 때문에 하나님께서 방언의 은사를 주셔서 복음이 세상으로 퍼져 가는 수단이 되게 한 것이다. 지금은 그때와는 다르다. 성경이 각국의 언어로 번역되어 복음을 이해하는 데에는 어려움이 없다. 이런 관점에서 방언은 지극히 개인적 유익을 위해 존재한다고 할 수 있다. 따라서 방언이 구원의 조건이라 하면 이단이 될 것이고, 방언을 교회 내에서의 은사의 계급으로 간주하여 방언을 하는 자들이 우월감을 가지면, 건전한 신앙생활을 해치는 맹신이 된다.

천국에 대한 맹신 현상

천국은 마태복음에서, 하늘나라는 마가복음과 누가복음에서 사용된 용어이다. 이것은 예수님께서 제자들 또는 무리들을 모아 놓고 하신 말씀 중에 자주 나타난다. 하늘 또는 하나님 나라는 하나님이 예수 그리스도를 통하여 실현하시는 통치를 말한다. 천국은 하나님 백성의 마음과 삶 속에 그의 통치를 확립시키는 것, 죽음 및 생명을 해치는 것을 포함하여 악의 모든 세력을 이기는 것, 죄의 모든 결과를 세상으로부터 제거하는 것, 의와 평화의 새로운 질서를 창조하는 것이다.

이러한 천국의 개념에도 불구하고 많은 크리스천은 죽어서 가는 천국을 신앙생활의 목표로 삼고 있다. 예수 믿는 사람들에게 "왜 예수를 믿느냐?"라고 물으면 죽어서 "천국에 가기 위해서."라는 대답이 대부분이다. 물론 틀린 대답은 아니다. 이 대답 속에서 이생에서의 삶보다 사후의 영적 세계의 보장을 위해 신앙생활을 한다는 의미가 담겨 있기도 하고 그런 천국 소망 때문에 현실적 고난과 절망을 극복할 수 있다는 의미가 내포되어 있기도 하다. 하지만 이 대답은 성도들이 현재 살고 있는 땅을 소홀히 여기는 반쪽 신앙을 지녔다는 근거이기도 하다.

마태복음에서는 이 세상, 즉 우리가 살고 있는 땅을 기초로 하여 하나님 나라를 이루어 나가도록 가르치고 있다. 천국에 들어갈 수 있는 방법은 아버지의 뜻대로 행하는 것이다. 이 말은 이 세상 삶에서 하나님의 말씀을 순종하는 것이고, 이것은 또 현재 살아가고 있는 생활에서 천국을 누리고 있음을 증명하는 길이기도 하다.

봉사에 대한 맹신

 사람들은 교회에서 봉사하는 일을 사회적 가치로 접근하려는 경향이 있다. 직분을 바로 그 봉사의 결과를 나타내는 지위나 신분으로 간주하는 경우가 있다. 직분을 사모하라는 설교들과 함께 직분의 서열화 또는 수직적인 신분 의식 등이 만연해 있다. 봉사의 직분을 교회 생활의 성공처럼 부추기는 문화가 존재하는 것이다. 교회 안에서도 인정받는 사람이 되어야 한다고 강조하며, 교인들이 교회 생활을 봉사에 전력하는 시스템으로 만들어 가고 있다. 그래서 봉사를 좀 더 높은 직위에 도달하려는 수단으로 접근하려 한다. 봉사에 엉뚱한 의미를 부여한 결과 교회 내에서 교인들이 안식을 누리지 못하고 직분이 목표가 되어 의무만 있게 한다. 교인들 스스로가 교회의 소모품이 되며, '우리는 일한다. 고로 존재한다'는 말을 낳게 한다고 지적하는 사람도 있다

 교회에서의 봉사는 성도들의 당연한 행위이다. 구원받은 자의 삶에 대한 감사의 표현이기 때문이다. 물론 성경은 하늘의 상급을 언급하고 있다. 봉사에 동기를 감추어 둔 것은 잘못이다. 아버지가 돌아온 탕자에 대한 잔치를 베풀 때, 첫째 아들이 내뱉은 말에서 이런 숨은 동기를 찾을 수 있다. 아버지에 대한 당연한 봉사의 결과에 대해 반대급부의 아무런 보상이 없다는 사실을 맏아들은 토로하고 있다.

 하나님으로부터 은총을 요구할 자격이 없는 것이 인간이다. 데나리온 품꾼의 비유에서는 포도원에 일하러 들어간 일꾼들이 주인과 계약한 임금 이상을 요구하는 내용이 나온다. 이것은 하나님을 빚진 자로 만드는 행위이다. 우리가 받은 달란트를 열심히 사용하는 것은 인간

의 의무이다. 이것의 사용에 대하여 어떤 숨은 동기를 가지는 행위는 맹신적이다.

설교에 대한 맹신

설교는 원래 하나님의 말씀인 성경 본문을 읽고 그것에 근거하여 성경을 강론하는 것이다. 성경 본문을 바로 강해하고 오늘의 성도의 삶과 현실에 적용하는 사역이라 하기도 한다. 한국 교회 교인들은 자신의 종교적 욕구, 즉 위로, 평안, 격려, 자신감, 적극적 사고, 성공, 꿈의 실현, 형통, 가정과 부부의 행복, 축복, 화목, 치유와 건강, 부요 등을 주제로 하는 설교를 좋아하기 때문에 이런 설교자를 찾아다니는 현상들이 발생한다고 칼빈대 오성종 교수는 주장하고 있다.

한국 교회 교인들은 하나님의 말씀인 성경을 읽어 자신의 믿음을 키워 나가기보다는 목사의 설교를 듣는 것으로 신앙생활을 하려는 성향이 높다. 성도들은 설교를 들을 때 감동하려고 애쓰며 수준 있는 설교를 듣고 싶어 하고 변화보다는 은혜를 받기 원하고 교회의 성장보다는 개인적인 신앙 성장에 더 깊은 욕구를 가진다. 그래서 교인들은 설교의 내용을 하나님의 말씀으로 생각하고 그것을 받아들이려고 한다.

교회 안에 나타나는 철저히 현세적이고 물질적인 기복사상을 경계해야 한다. 한국 교회 안에 있는 기복사상의 원인은 목회자들의 기복주의적 설교에 기인한다. 즉 예수를 믿으면 죽어서 천국에 가는 것은 당연하고, 이생에서 복을 받아 잘살게 된다고 강조한다는 것이다. 사업 성공, 소원 성취, 만사형통, 무병장수와 같은 복을 강조하고, 이런 복을 받기 위해 준비를 해야 한다는 것이 기복주의적 설교의 내용들이다. 이러한 설교는 의도에 맞춘 내용을 사람들이 맹신하게 만든다.

목사에 대한 맹신

성경은 하나님이 만물의 주재라고 밝히며 하나님 중심 사상을 강조하고 있다. 하나님 절대 주권하에서는 인간의 특권층이 있을 수 없다. 16세기 당시 로마 가톨릭교회에서 사제라는 신분은 하나님과 인간 사이의 특권층에 있었다. 중세 교회는 인간 중심의 권력 기구였고, 그 절정에 교황이 있었으며 교황의 말이 성경보다 우위를 차지하였다. 교황은 절대 권력이었던 것이다. 현재에도 사제는 사람들이 죄를 고백하면, 그 죄를 사해 주는 힘을 가진 존재로 여전히 자리 잡고 있다.

교인들은 이러한 가톨릭교회의 사제 역할이 개신교 목사들에게도 있는 것처럼 생각하는 경우가 많다. 그 지도자가 사람임에도 불구하고 마치 하나님과의 직접적인 접촉이 있는 사람으로 여기고 그의 말을 성경보다 우선시하는 경우가 있다. 이러한 현상을 성경에서도 기록하고 있다. 이스라엘 민족을 이끌고 이집트를 탈출한 후 3개월이 되던 시점에서 모세가 하나님의 부르심을 받는다. 모세가 십계명을 받기 위해 산으로 올라간 후 40일 동안 내려오지 않자 이스라엘 백성들은 조급해지기 시작하였다. 그리하여 그들은 이스라엘 민족을 이집트로부터 인도해 내었던 인간 모세를 신으로 생각하고, 모세의 형 아론에게 모세를 대신할 신을 만들어 달라고 요청하기에 이르렀다.

우리 민족은 태생적으로 무속적 신앙을 지닌 국민이다. 단군신화의 내용이 그렇고, 이사하는 날과 결혼하는 날 등에 대해서도 무의식적으로 무속적인 생각과 행동을 하는 사람들이 많이 있다. 이런 무속신앙의 배경을 가지고 있다가 예수를 믿게 되는 신자들은 목사를 제사장이나 복을 빌어 주는 사람으로 이해한다. 그의 말에 맹목적으로 순종하고 신적 존재로 대우하려는 성향을 지닌다. 이와 함께 가끔 목사 스스로가 깊은 신학적 성찰이나 생각 없이 교인들의 종교심에서 나오는 욕구를 충족시키려 하고 저주권이나 축복권을 가지고 있음을 암시하기도 한다. 무슨 사업을 하거나 결혼이나 진학 또는 취직과 같은 가정의 중요한 의사결정을 해야 할 때 이것을 목사에게 물어보는 교인도 있다. 이런 질문을 해 오는 경우 목사는 하라 또는 하지 마라고 대답하고 교인들은 그 목사의 말에 따라 행동하는 때도 있다. 이뿐만 아니라 목사 스스로가 자신의 권위주의를 내세우거나 존경을 강요하기도 한다. 이찬수 목사는 이런 설교를 한 적이 있다.

"사실 교회가 어느 정도 성장하고 나면, 담임목사의 자리는 헛된 멋들기 쉬운 자리이다. 어떤 성도들을 만나도 '목사님, 목사님' 하고, '우리 목사님 최고입니다.'라고 치켜세워 주는 말을 한다. 어디를 가더라도 다른 교역자를 대동해서 가고 싶고 큰 차를 타고 싶다. 목사라고 이런 허영의 욕망에 예외일 수 없다." 이런 맛을 알게 되는 목사는 누구에게든지 교회 자랑 속에 담임목사를 자랑하고 다닐 것을 교인들의 생활 준칙으로 강요하기도 한다. 이런 환경들이 교인들이 목회자들을 맹신하거나 추종하도록 만든다.

종교에 대한 중독

　표준국어대사전에 따르면 중독은 어떤 사상이나 사물에 젖어 버려 정상적으로 사물을 판단할 수 없는 상태로 정의되고 있다. 또 다른 의미로는 독성에 의해 생체 기능이 마비되거나, 약물이나 알코올 등에 의존되어 그것 없이 지낼 수 없는 상태를 말한다. 종교에서는 완고한 신앙의 실천과 봉사를 통해 자신의 자존감을 발견하기 위한 수단으로 종교 중독이 이루어진다. 이때 중독을 사람의 의지와 욕구를 사로잡는 강박과 집념 또는 열중의 상태로 정의하기도 한다.

　한국 교회 내에서 행해지고 있는 특별새벽기도, 특별부흥회, 교회 권위에 대한 절대적 순종, 타협을 허용하지 않는 신앙의 순수성 유지 등과 같은 열정적인 신앙의 모습들이 정신건강 전문가들의 관점에서 볼 때는 종교 중독과 다르지 않다. 종교 중독은 맹신보다 더 나쁜 의미이다.

　자신의 삶을 통제하는 종교에 위험스럽게 몰두하는 행위는 종교 중독에 빠지게 하는 해로운 믿음이다. 종교 중독은 종교가 주창하는 것을 절대적이고 이견 없이 받아들이는 것을 기초로 하여 형성된다. 종교 중독의 원인으로는 다음과 같은 것이 있다: 교회의 권위와 교리에 대한 왜곡된 강조, 죄책감의 유발, 원죄에 대한 강조와 전적 무능함의 지나친 강조, 엄격한 예배 의식 준수, 하나님을 마술적 존재로 인식.

　비정상적인 신앙에서 비롯된 종교 중독은 하나님과의 신앙적 관계보다는 종교 행위 그 자체에 몰두하게 만든다. 편부모하에서 양육된 경험, 부모나 자신의 이혼과 같은 실망감 경험, 낮은 자존감, 학대받은 경험 등은 사람들이 종교 중독에 빠지기 쉽게 만든다. 내면의 불안과 현실이 주는 고통의 문제를 목회자가 건강하게 다룰 수 있어야 한다. 즉 불안을 일으키는 다양한 정서들을 억압하지 말고, 수용하고 담아내는 역동적 신앙생활 지도가 필요하다.

맹신의 원인과 해결을 위한 노력

원래 인간은 하나님을 향한 욕구가 있다. 하나님의 형상이 인간 속에 들어 있기 때문이다. 그렇기에 인간은 기독교 신앙 유무를 떠나 영원을 사모하게 되어 있다. 이 욕구를 구체적으로 표현하도록 길을 열어 놓은 것이 하나님의 말씀이다. 인간이 하나님을 사랑하는 방법으로 제시되었는데, 죄는 이러한 사랑으로부터 멀어지게 한다고 바울은 말하고 있다. 심리학자들은 죄 때문에 하나님과 사람에 대한 사랑의 욕구가 중독의 현상을 초래하게 만든다고 주장한다. 중독은 욕구 에너지를 특정한 행위나 사물과 사람에게 집착시켜 강박관념이 되어 삶을 지배할 뿐만 아니라 사람을 우상 숭배자로 만든다. 그리고 집착의 대상들을 숭배하도록 강요함으로써 참되고 자유롭게 하나님과 다른 사람들을 사랑하는 것을 방해한다.

강박성

강박은 무엇에 눌리거나 쫓겨 심한 압박을 느끼거나 어떤 생각이나 감정에 끊임없이 사로잡히는 심리 상태를 가리키는 말이다. 크리스천들은 교회에서도 강박을 많이 느끼게 된다. "인간의 제일 되는 목적이 무엇이냐?" 하는 질문에 대해 하나님을 영화롭게 하는 것과 그를 영원토록 즐거워하는 것이라고 답한다. 그리고 이 답을 충족시키려고 크리스천들은 애를 쓰게 된다. "하나님을 영화롭게 한다."라는 의미를 "사람들이 하나님을 영화롭게 만든다."라는 것으로 착각하여 자신의 어떤 노력으로 하나님을 영화롭게 할 수 있다는 생각을 가지면서 이런 강박이 시작되는 것 같다. 사실 창조된 인간이 하나님을 영화롭게 만들 수는 없다. 왜냐하면 하나님은 이미 영화로우신 분이기 때문이다. 하나님의 영광을 선포하는 데 자발적으로 참여하여서 찬양하면 되는 것을, 우리가 하나님을 영화롭게 만들기 위해 무엇인가를 해야 한다는 생각을 가지게 된다. 이런 생각에서부터 강박이 생겨난다. 즉 종교가 행위의 습관으로 나타날 때 강박증이 유발된다. 참된 신앙보다는 의례나 행위에 높은 비중을 두게 되면 강박적인 교인이 되며 이것은 다시 광신자가 되는 길로 쉽게 빠지게 만든다.

 교회 내의 강박성은 대체로 두 가지로 분류할 수 있다. 하나는 목회자들의 강박성이다. 세속주의의 성공 개념을 목회 활동에 접목하여 스스로가 강박관념에 사로잡히게 된다. 강박적 성격을 가진 목회자는 은혜와 사랑을 강조하는 설교보다는 율법주의적 의무를 강조하고 오직 각성만을 외치는 설교를 하게 된다. 끊임없이 교인들을 일깨우고 어떠한 목적을 향해 부지런히 끌고 가기 때문에 목사는 교인들에게 쉼과 안식을 주지 못하는 설교를 하게 된다. 이런 목회자는 메마르고 인색하여 칭찬을 잘 못한다는 특성이 있다. 나 아니면 이런 깊은 성경적 진리를 가르쳐 줄 사람이 없다고 하며 은퇴하는 날까지 교인들을 휘몰아치다가 마지막으로 성격상 칭찬도 한 번 못 해서 죄송하다는 말을 남기고 떠나는 목사도 보았다. 강박관념에 사로잡힌 설교자는 복음적 메시지를 전하기는 하지만 복음보다는 율법, 은혜보다는 심판적 설교의 비중을 높인다. 이런 강박적 성격은 교인들에게 전이되며 교인들은 균형 있는 신앙보다는 두려움과 열등감에 사로잡히는 신앙생활을 하게 될 것이다.

다른 하나는 교인들의 강박성이다. 모든 인간은 선천적으로 하나님을 향한 욕구가 있는데, 이 욕구는 인간 영혼의 본질이며 종교를 통해서 해소된다. 이것은 곧 사랑의 욕구인데, 이것을 달성하기 위해 욕구의 에너지를 특정한 행위나 사물 또는 사람들에게 속박시켜 스스로를 노예로 만든다. 특히 우리나라 국민은 유교적 영향을 받아 종교의식이나 제사 등에 지나친 경건함이나 엄격함을 보인다. 예컨대 제사상을 차릴 때 홍동백서와 같은 원칙을 지키지 않으면 그 제사가 효력이 없는 것으로 여긴다. 어떤 의례에 강박성을 보이는 것이다. 이런 풍습 속에서 자란 사람들이 크리스천이 되고 나서도 몸에 밴 습성을 버리지 못하고, 행위나 의식으로서의 종교에 집착하게 되며 이런 집착은 사람의 마음을 빼앗고, 강박관념이 되어 삶을 지배하게 된다.

신앙생활에 득이 되지 않는 강박성을 해소하기 위해 먼저 하나님의 말씀에 귀 기울일 필요가 있다. 믿음은 행위의 결과가 아니라 하나님의 선물이다. 그 선물을 주시는 분은 하나님이시며, 그분은 자신의 의지로 우리 인간을 자신의 계획에 따라 이끌어 가시는 분이다. 그리고 세상을 통치하고 보존해 나가신다. 이런 하나님께서는 우리 인간들에게 자신의 하시는 일을 가만히 서서 보라고 말씀하신다. 이스라엘 민족을 이집트로부터 구원해 내시면서, 앞에는 홍해 바다가 있고 뒤에는 이집트 군대가 쫓아오고 있는 상황을 맞은 화급한 이스라엘 민족에게, 하나님께서는 자신의 하는 일을 백성들에게 가만히 서서 보라고 말씀하셨다. 여호수아가 여리고 성을 점령할 때도 같은 말씀을 하시고 하나님께서 그 일을 천천히 7일 만에 실행에 옮기셨다. 그러므로 우리는 스스로가 무엇을 해야 한다는 억압된 생각보다 하나님의 말씀을 기억하고 그 말씀에 순종하는 자세를 가져야 할 것이다.

목표 지향성

교인들은 대부분 설교를 통해서 신앙생활의 도전을 받고, 그것을 달성하기 위해 노력한다. 그래서 설교는 항상 바람직한 최종 상태나 온전한 신앙 상태를 강조하게 된다. 예컨대 마태복음에 있는 예수님의 산상설교 중의 일부에도 이런 구절이 있다. 이 말씀의 핵심은 제자들의 삶의 목표이다. 이 목표에 도달하는 성숙한 신앙인이 되기 위해서는 하나님의 도우시는 은혜와 성도들의 인내와 노력이 필요하다.

그런데 교회에서는 이러한 최종 상태인 목표를 당장에라도 이루어야 할 것처럼 교인들을 다그친다. 10리를 갈 수 있는 체력을 갖추는 데에는 상당한 노력과 시간이 걸린다. 아직 5리 정도 갈 수 있는 능력을 갖춘 사람에게 10리를 당장에 가도록 요구하는 것은 그 사람에게 좌절과 포기를 가져오게 할 수도 있다. 설교를 듣는 자들의 신앙적 체력이 얼마가 되는지를 불문하고 모든 사람에게 똑같은 목표인 10리를 가도록 하는 설교는 목표 지향적인 것이 될 수 있다.

목적에 이끌린 현상이 강박성이다. 그 특성은 목적 지향적이며 언제나 완벽을 추구하게 만들어 자신과 이웃을 피곤하게 만들거나 힘들게 한다. 그 결과 사람들을 목표로 향해 끊임없이 이끌어 가지만 쉼과 안식을 누리지 못한다. 이런 목표 지향성은 결과를 중시하기 때문에 복음보다는 율법, 은혜보다는 심판으로 기울어지게 하는 결과를 초래한다.

지나치게 목표 지향적인 크리스천들은 그것을 이룰 수 없는 현실로 인해 목적 지향적인 강박성을 띠게 된다. 그리하여 자신들의 노력을 가상히 여겨 하나님께서 그러한 현실을 바꾸어 주시고, 고통을 덜어 주시며 자신들의 삶을 편안하게 만들어 주시기를 바라는 신앙을 가지게 된다.

목표 지향적 관점이 강조된 교회의 성도들은 대체로 두 가지로 나뉜다. 하나는 자신이 마치 그 목적지에 도달해 있는 사람인 것처럼 거룩한 태도와 행세를 하는 사람이다. 이런 사람은 교회에서는 신앙인이지만, 교회 밖에서는 전혀 그렇지 않은 이중적 생활 태도를 보일 수 있다. 또 다른 하나는 그 목적지에 자신이 도저히 도달할 수 없다고 판단하여 아예 자포자기적 신앙 태도를 보이는 사람이다.

일반적으로 구원의 순서는 부르심, 회심, 칭의, 양자, 성화, 견인, 영화 등의 단계로 되어 있다. 물론 이 단계에서 즉각적이고 동시에 발생하는 것들도 있어서 시간적인 경과가 필요한 것은 아니다. 이 과정 모두 하나님께서 주도권을 가지고 계시기 때문에 우리는 구원을 은혜라 말한다. 그러나 인간의 편에서 해야 할 일이 있다. 그것은 성화의 과정인데, 이 과정은 개인차가 있다. 성화는 우리가 하나님의 형상을 좇아, 전인(Whole Human)이 새로워지게 되고 점점 죄에 대하여는 능히 죽고 의에 대하여는 능히 살게 되는 것인데 이것도 인간이 만들어 가는 것이 아니라 하나님께서 주시는 선물이다. 다만 인간 자신이 성화의 과정에서 행동하고 응답하는 방식으로 성화가 달성되기 때문에 하나님의 일인 동시에 사람의 일이기도 하다. 그러나 성화는 현세에서는 누구에게서도 결코 완성될 수는 없다. 그러므로 하나님만이 우리를 거룩하게 만들 수 있음을 알고 두렵고 떨리는 마음으로 은혜를 구해 나가는 신앙생활을 해야 할 것이다.

모호한 예배 행위

최근 설교자들이 예배의 성공은 인생의 성공이라는 추상적인 말을 자주 사용하면서 예배에 집중하라고 한다. 이런 말을 들으면 어떤 것이 성공적인 예배가 되는지에 대해 궁금증이 유발되기도 한다. 예배의 대상, 예배의 방법, 예배의 내용이 모호해진다. 그뿐만 아니라 대중음악의 형식을 빌린 기독교음악(Contemporary Christian Music: CCM), 시끄러운 음향, 죄의 자백과 쓴 뿌리를 드러내 놓으라는 강권적 통성기도 등이 예배의 주요한 요소들로 두드러지고 있다. 찬양에의 몰입을 유도하거나, 시끄러운 악기들의 반주를 겸한 통성기도를 할 때 성도들은 그 순간에는 흥분되고 감정을 토해 내는 등 예배의 분위기에 편승한다. 하지만 예배 후 그런 감정의 순간적인 소멸과 삶의 변화가 없는 것을 성도들은 경험하고 있다. 이런 예배 행위는 맹목적인 신앙을 만들어 낸다.

　신앙은 인간 결단의 산물이 아니라 하나님의 은혜로 오는 초인간적인 것이며, 하나님의 은총을 간구하는 것이 신앙의 본질이다. 신앙 행위로서 우리는 예배를 드린다. 신앙은 성령께서 내주하시는 우리의 마음속에 있는 하나님의 성전에서, 존귀와 영광을 받으시기에 합당하신 성부 하나님에게 찬양하고 그를 영화롭게 하고 기쁘시게 하며, 기도로 살아 계신 하나님과 사랑의 영적 교제를 나누는 것이다. 예수님께서 수가 성 여인과 나누신 대화에서 참된 예배가 어떤 것인지를 가르쳐 주셨다. 참된 예배는 하나님의 본질, 즉 영에 적합한 것이어야 한다.

　참된 예배는 성격상 하나님에 의하여 제정되고, 하나님에 의하여 한정되고, 하나님에 의하여 규정된 것이다. 하나님께서 정해 주셨거나 명하신 것 이외의 방법으로 하나님을 예배하는 행위는 헛된 것이다. 웨스트민스터 신앙고백서 강해에 의하면 기도와 말씀을 읽는 것과 전하는 것, 시편들을 노래하는 것, 성례의 집행, 맹세와 서원 등이 하나님께서 정하신 예배라 하고 있다. 이는 예배의 형식과 내용에 관한 것을 설명한 것이라 하겠다.

무속신앙

　우리나라에는 오래전부터 무속이 불교나 유교 등과 함께 혼합된 형태로 존재해 왔다. 한국 무속은 현세 중심적이고 인간 중심적인 사고방식과 가치관을 토대로 한 종교적, 문화적 습속이라 말할 수 있다. 무속의 궁극적인 목적은 신령을 찬양하기 위함이 아니고 복을 받기 위함이다. 기복신앙은 무속의 중심에 있다. 무속에서 복(福)이란 편안하고 만족한 상태 또는 그에 따르는 기쁨을 말한다. 일반적으로 행복이나 길운 등으로 이해되고 있으며, 기복신앙은 주로 부귀영화와 건강 같은 세속적 조건들을 충족시키려는 욕망이 이기적 동기에 의해 종교의 의례나 교리와 연결된 신앙의 한 형태이다.

인간 속에 하나님의 형상이 들어 있고, 인간은 영원을 사모하는 태생적 존재이기 때문에 예수를 믿지 않는 사람들도 그들 나름대로 영적 삶을 추구한다. 크리스천이 되고 나서도 정확한 교리와 말씀을 배우지 않으면 무속적 신앙을 가지는 것과 같다. 신앙은 하나님과 예수님에 대한 논리적 이해가 필요하지는 않다. 그러나 타당한 이해가 전제되지 않은 채로 지니는 믿음은 잘못된 믿음, 곧 미신이나 맹신으로 흐를 수 있다. 성경에서도 진리 없는 믿음은 잘못된 것이라고 말한다.

교회에 출석하여 명목상은 신자이지만 하나님에 대한 지식이 부족하면 실질적으로는 여전히 무속적 믿음을 그대로 유지할 수밖에 없다. 교회의 모습이 갖추어지던 1920년 전후부터 교회 안팎에서는 개신교회의 무속적 성향에 대한 염려의 소리가 있었고, 특별히 교회 여성들의 무속적 기질에 대해 우려와 비판이 지속되어 왔다. 자동차 안에 성경책을 두거나 십자가상을 걸어 두는 신자들에게 왜 이렇게 하느냐고 물어보면, 그것들이 자동차 사고를 막아 줄 것이라는 생각에서 그렇게 하고 있다는 대답을 흔히 들을 수 있다. 심지어 집 안에도 십자가상을 걸어 두는 가정들도 있다. 이런 행위들은 마치 부적을 대문이나 문설주에 붙여 놓는 미신 행위와 다를 바가 없다. 이런 행위는 우상을 만들지 말라는 계명과 정면으로 어긋나는 신앙 행위이다.

무속적 신앙을 가진 현상이 성경에도 나와 있다. 마술사 시몬이 바울의 '병 고치는 은사'를 보고 자신도 돈을 주고 은사를 사려는 시도가 있었다. 하나님은 바울의 손으로 놀라운 능력을 행하게 하셨는데, 심지어 사람들이 바울이 지닌 손수건이나 앞치마를 가져다가 병든 사람에게 얹으면 그 병이 떠나고 악귀도 나갔다. 이에 돌아다니며 마술하는 어떤 유대인들이 시험 삼아 악귀 들린 자들에게 주 예수의 이름을 불러 말하되 "내가 바울의 전파하는 예수를 빙자하여 너희를 명하노라"(사도행전 19:13) 하였다.

인간이 하나님을 아는 것과 믿는 것 그 자체가 복이다. 구약에서의 복은 장수, 많은 자녀, 현숙한 아내를 얻는 것에서부터 뛰어난 민족, 경제적 풍요로움, 적으로부터 보호받는 것 등이다. 신약성경에서는 구약시대 복의 개념에서 구원, 의의 실천, 인내, 환란의 극복, 천국 소유, 강건 등으로 확장되고 있다. 이런 복은 무속적 행위로 성취될 수 없다. 다만 하나님의 말씀을 순종하고 그것을 지켜 나갈 때 하나님께서 인간에게 주는 것이다. 복을 받는 조건은 하나님을 닮은 신앙인이 되는 것이다. 그 길은 말씀과 기도로 도달할 수 있다. 인간은 경건해질 수 있다.

묵상하기

"대다수 사람은 크리스천이 되고 나서도 왜 이전의 행동이나 생각들을 버리지 못하고 여전히 가지고 있을까?"라는 의문이 생긴다. 과학적인 지식이 부족하여 미개했던 시대에 사람들은 번개나 천둥과 같은 자연 현상을 신의 노여움이나 징벌로 맹신하고 가슴 졸이는 삶을 살아왔다. 과거에 그랬듯이 현대에도 하나님에 대한 지식이 부족하면 우리의 신앙도 얼마든지 맹신적일 수 있다.

사실 크리스천들의 맹신적 신앙에 대해서, 직접적으로 언급한 내용들이 거의 없는 실정에서 이 글을 쓸 때 어려움이 있었다. 따라서 목회 현장에 있는 신학자, 상담 현장에 있는 전문가들의 연구 결과와 연구자가 교회 생활에서 체험했던 현상 등을 정리하여 맹신이란 내용으로 조명해 보았다. 중요한 점은 이러한 맹신 현상이 발생되는 원인과 해소 대책을 성경적 관점에서 규명해 본 것이다.

믿음이 하나님의 선물임을 알고 있음에도 불구하고 인간의 편에서 무엇인가를 해야 할 것이라는 공명심이나, 반대급부의 필요조건이 있을 것으로 인식하려는 심리적 상태에서 발생하는 강박성이나, 목표 지향성이 우리의 신앙 기저에 존재한다는 사실이 맹신의 원인이다. 전능자시며 만물의 통치자이신 하나님께서 무엇을 채우시기 위해서 우리에게 행위를 요구하시는 분이 아님을 우리는 분명하게 인식해야 한다. 성도가 지향해야 하는 것은 예수님을 닮아 가는 것이다. 이 과정에는 단계가 있음에도 대다수 설교에서는 이런 과정들을 뛰어넘는,

예수처럼 보이는 다른 존재를 지향하게 한다. 이에 크리스천들이 삶에서 이중성을 보이거나 믿음을 아예 포기하는 경향을 만들어 낼 수도 있다는 생각이 든다. 예배의 성공이라는 말이 교회에서 유행어처럼 퍼져 있다. 물론 그 강조점이 무엇인지는 안다. 그러나 성공이라는 말은 참으로 세속적 언어이다. 성경에서는 성공보다는 실패의 기록들이 훨씬 더 많다. 이런 실패와 좌절 속에서도 하나님께서 우리 인생을 어떻게 이끌어 가고 계시는지를 보여 주는 것이 성경이다. 아버지는 상한 심령을 기뻐하시고, 오래 기다리시며 돌아오기를 기다리시는 분이심을 이해하고 진실한 예배를 드릴 수 있도록 하는 것이 중요하다.

인간은 영적인 존재로 창조되었기 때문에 영적 공허가 하나님으로 채워지지 않으면 다른 것으로 채우려는 욕구를 가진다. 그런데 현대인들은 자신의 욕구와 정서들이 제대로 충족되지 못하거나 수용되지 못하는 사회 속에서 삶을 살아가고 있다. 이런 채워지지 않은 것들을 신앙의 힘에 의지하여 새로운 삶을 살아 보려는 결심으로 사람들은 교회를 찾게 된다.

어떤 이들은 공허감을 안고 있고, 어떤 사람들은 좌절과 절망, 상실과 허탈감을 가지고 있기도 하다. 또 어떤 이들은 굶주림이나 질병의 고통을 극복하기 위해 교회 문을 두드리는 일도 있다. 다양한 배경과 바람을 가지고 교회를 찾은 이들은 신앙생활을 할 때도 이러한 니즈에 초점을 맞추고 이를 충족하는 데에 큰 비중을 두게 될 것으로 예상할 수 있다.

한국 교회도 역사가 깊어져 감에 따라 목회 방식과 교회 운영 방식의 패러다임 전환이 필요한 시점이다. 목회자에게 의존하는 신앙 행태 지양, 하나님에 대한 객관적인 지식의 보급, 지정의의 균형 잡힌 신앙관의 형성 등을 위해 한국 교회가 집중적인 노력을 해야 할 때이다. 이를 위해 기본적으로는 기독교 교리에 대한 정확한 교육, 목회자 재교육 프로그램 강화 등으로 교인들의 정통한 성경적 신앙관을 가지게 해야 할 뿐만 아니라, 목회자들도 건전한 신학에 기초한 설교를 하는 각성이 필요하다. 거시적 차원에서는 담임목사 1인 체제의 집권적인 교회 운영 방식보다는 음악, 상담, 행정, 교육 등 분야별 전문 목사를 양성하여 공동 목회라는 분권적 시스템을 도입해야 할 것이다. 목회자 개개인의 달란트와 전문성이 목회 현장에서 구현되고, 교인들에 대한 영적 멘토의 역할을 충실하게 이행하여 성도들이 맹신적 신앙생활에서 벗어나게 해야 할 것이다. 이와 함께 성도들도 하나님을 아는 지식이 그리스도의 장성한 분량에 이르도록 노력해야 할 것이다. 목사의 설교만 받아먹고 살아가는 신앙생활에서 벗어나, 하나님의 뜻과 계획이 담겨 있는 성경을 부지런히 읽고 깨달아서 성경적 지식에 기초한 신앙관을 형성하는 노력을 스스로 해 나가야 한다. 이 글을 계기로 앞으로 맹신적 신앙 양태가 심도 있는 실증적 규명과 개선 노력에 기폭제가 되기를 기대해 본다.

복음적 경영론의
정립과 기업재무 경영

팀 켈러(Timothy Keller)는 복음의 중요성을 한 논문에서 다음과 같이 서술하고 있다. "우리 그리스도인의 삶에 있어서 복음을 넘어 더 높은 수준으로 올라간다는 것은 결코 있을 수 없는 일이다. 복음은 진리라는 층계의 첫 계단이라기보다, 진리라는 바퀴의 중심축과 같다. 복음은 기독교의 기초일 뿐 아니라 모든 것이다. 복음은 천국에 들어가기 위해 최소한으로 필요한 교리일 뿐 아니라 하나님 나라에서 진전할 수 있는 유일한 길이다."

그리스도인으로서의 삶의 출발점은 분명 복음이다. 하지만 진정한 그리스도인으로서의 삶을 누리기 위해서는 복음을 믿음으로 받아들임으로써 구원을 받는 것에서 그치는 것이 아니라, 이 복음으로 인해 마음, 생각, 행동, 관계, 일, 삶의 모든 부분에서의 지속적인 변화를 경험해야 한다. 따라서 복음에 대한 정확하고 깊이 있는 이해는 그리스도인의 삶에 있어서 가장 기본적이면서 필수적인 것이다.

지금까지 기독 경영에 대한 연구는 국내외에서 다양하게 이루어져 왔다. 그러나 복음의 관점에서 복음적 경영에 대한 논의는 아직 시도되지 않은 것 같다. 복음이 그리스도인의 모든 삶에 영향을 준다는 점에서, 복음적 경영론을 정립하고 이를 기업 경영의 모든 영역에 적용할 필요성이 제기된다. 따라서 복음에 합당한 경영을 하고자 하는 기독 경영인들을 위해 복음과 경영을 통합한 복음적 경영론을 정립하고, 이것이 기업 경영, 특히 기업 재무 경영에 어떻게 적용될 수 있는지 알아보고자 한다.

복음의 콘텐츠와 이에 대한 바른 이해

유앙겔리온($\varepsilon\upsilon\alpha\gamma\gamma\varepsilon\lambda\iota o\nu$)이라는 고대 그리스 말이 중국 한자에 의해서 번역된 것이 복음(福音)인데, NIV성경에서는 Gospel 또는 Good News라고 번역되어 좋은 소식, 기쁜 소식, 복된 소식이라는 의미를 내포하고 있다. 헬라인들이나 로마인들은 이 유앙겔리온이라는 단어를 황제의 등극 소식이나 전쟁에서의 승리 소식을 언급할 때 주로 복수형으로 사용하였는데, 초대 교회 교인들이 이 단어 속에 새로운 내용, 즉 예수 그리스도의 사건을 추가하여 단수형으로 사용함으로써 복음을 예수 그리스도의 죽음과 부활로 요약했다고 할 수 있다. 마가는 복음을 예수 그리스도 자신이나 예수 그리스도의 말씀, 또는 그의 가르침과 동일시하고 있다. 복음은 한마디로 '하나님의 아들 예수 그리스도의 가르침의 시작'이라고 한다. 다시 말해 하나님의 아들, 예수 그리스도에 관한 것이고, 예수 그리스도 안에서 죄사함, 회복, 새 생명에 대한 메시지를 포함하고 있기 때문에 인류가 들은 소식 가운데 가장 좋은 소식이라 할 수 있다.

많은 그리스도인들이 중생의 복음만 알고 강조하는 경향이 있는데 제대로 된 신앙생활을 하기 위해서는 복음을 좀 더 폭넓게 이해할 필요가 있다. 오중복음은 이와 같은 포괄적인 복음의 개념을 잘 드러내고 있기 때문에 본 논문에서는 오중복음을 바탕으로 복음의 콘텐츠를 설명하고자 한다. 오중복음은 영산 조용기의 핵심적인 신학 사상이다. 오중복음이란 중생의 복음, 성령충만의 복음, 신유의 복음, 축복의 복음, 재림의 복음을 말하는데, 이는 기독교 신앙의 시작과 과정과 결과에 대해 다루고 있으며 결국 신앙생활의 전 과정을 설명해 주는 핵심 주제가 된다.

예수 그리스도는 중생의 중요성과 방법을 반복적으로 설명하였는데 "모든 사람은 죄인이며, 예수 그리스도가 자신의 죄를 위해 십자가에서 대속한 것을 마음에 믿고 그를 주로 시인하는 자는 영혼이 거듭나는 중생을 체험하게 된다."라는 구원의 복음이 중생의 복음이다. 이 영혼의 구원은 그리스도인 신앙의 출발점이며 가장 중요한 기본이다.

예수 그리스도를 주로 영접한 자는 성령이 그 안에 내재한다. 하지만 그리스도인이 하나님의 통치를 받고 하나님 나라의 백성으로 살기 위해서는 성령이 내재하는 것에 만족해서는 안 된다. 하나님 나라의 임재를 체험하고 하나님의 뜻이 이루어지도록 하기 위해 지속적으로 말씀을 배울 뿐만 아니라 기도함으로써 매 순간 성령충만을 받아야 한다. 이것이 성령충만의 복음이다. 예수 그리스도가 제자들에게 기도할 때 성령을 구하도록 요청한 것은 성령충만을 받지 않으면 예수 그리스도의 증인으로서 살 수가 없기 때문이다. 성령은 그리스도인에게 주의 말씀을 가르치시고 생각나게 하시어 진리 가운데로 인도하신다.

신유(치유)의 복음

예수 그리스도가 십자가에서 대속의 피를 흘림으로써 그를 믿는 자는 병고침을 받을 수 있다는 것이 신유의 복음이다. 여기서 말하는 치유는 육신적인 질병의 치유뿐만 아니라 전인적인 치유를 말한다. 예수 그리스도의 중요한 사역 가운데 하나가 치유사역이었고, 베드로를 비롯한 제자들도 예수의 이름으로 안수함으로써 많은 사람들을 치유하였다. 예수 그리스도의 능력은 시간과 공간을 초월하는 것이기 때문에 현 시대를 살아가는 우리들도 예수의 이름으로 병든 자를 낫게 할 수 있다는 믿음을 가져야 할 것이다.

축복의 복음

일부 그리스도인들은 가난과 고통 중에 신앙생활 하는 것을 신령하게 여기며 하나님께 복 구하는 것을 기복신앙으로 매도한다. 하지만 하나님께서 천지와 사람을 창조하신 후에 복을 주셨고, 그의 자녀인 우리가 그분의 은혜 가운데 풍성한 삶을 살아가는 것을 원하신다. 예수 그리스도는 부유하신 이로서 우리를 부유하게 하시기 위해 가난하게 되신 것이고, 예수를 통해 우리는 우리의 죄뿐만 아니라 가난에서도 이미 대속받았다. 따라서 누구든지 예수 그리스도를 믿고 그의 말씀대로 살면 가난의 저주를 비롯한 아담의 타락으로 인해 인간에게 다가온 모든 저주들로부터 벗어날 수 있다는 것이 축복의 복음이다. 예수께서 저주를 대신 받으신 목적은 그리스도 예수 안에서 아브라함의 복이 이방인에게 미치게 하려는 데 있다. 예수를 믿는 자들은 이미 저주에서 속량된 자들이요, 아브라함의 복을 받아야 하는 자들이다. 복을 구해야 하는 근거와 목표가 잘못된 것이 문제이지 복의 근원이고 삶의 원천이신 하나님께 복을 구하고 누리는 것은 지극히 성경적이다. 그리스도 안에서 복을 받아 누리고 그 복을 이웃과 나누며 하나님의 영광을 위해 사용하는 것이 하나님의 뜻이다.

재림의 복음

재림의 복음은 예수 그리스도께서 구속 사역을 감당하러 이천 년 전 이 땅에 오셨듯이 장차 이 땅에 다시 오실 것을 말하고 있다. 예수 그리스도께서 "천지는 없어지겠으나 내 말은 없어지지 아니하니라."(마태복음 24:35) 하는 말씀대로 구름을 타고 큰 권능과 영광으로 반드시 오실 것이다. 하나님의 나라는 그리스도인이 예수 그리스도를 믿는 순간 이미 이루어졌지만, 아직 완성된 것은 아니다. 하나님의 나라는 예수 그리스도가 이 땅에 재림하실 때 완전히 이루어질 것이다. 그렇기 때문에 우리의 궁극적인 소망은 이 세상에 있지 않고 예수 그리스도의 재림과 천국에 있는 것이다.

복음적 경영론

　경영이란 개념은 다양하게 정의될 수 있으나 여기서는 다른 사람과 함께 그리고 다른 사람들을 통해서 효율적이고 효과적으로 일이 이루어지게 하는 과정으로 하겠다. 여기서 과정이란, 경영자가 수행하는 기본적인 활동을 의미한다. 경영자가 수행하는 활동을 계획, 실행, 평가의 세 과정으로 설명하기도 하며 경영자의 기능을 계획, 조직, 충원, 지휘, 통제의 다섯 과정으로 설명하고 있기도 하다.

　하나님을 명시적으로 나타내지 않은 전통적 경영 모형을 성경적 관점을 보완하여, 사람의 경영 모형과 하나님의 경영 모형을 통합해 이중적 모형이라 한다. 하나님의 경영은 완전하지만 사람의 경영은 지식의 제한으로 인하여 온전하지 않다. 또한 하나님은 잠언 16장 9절의 말씀처럼 사람의 경영에 적극적으로 개입하시고 도우신다. 따라서 하나님이 기뻐하시는 경영을 제대로 하기 위해서는 하나님의 경영과 사람의 경영을 통합할 필요가 있고, 하나님의 계획과 실행과 평가에 끊임없이 비추어 보며 계획, 실행, 평가를 해야 한다는 것이 이중적 경영 모형의 핵심이다.

　사람이 물과 성령으로 거듭나게 되면 하나님과 독립적으로 계획을 세우지 않는다. 그는 하나님의 말씀에 기초하여 계획을 수립하려고 하고, 또한 기도를 통하여 자신의 계획이 하나님의 말씀에 근거한 것인지 확인하려고 할 것이다. 즉, 그리스도인은 하나님과의 상호 교통의 과정을 통해 계획을 세우고, 실행을 하고, 평가를 해야 온전한 경영을 할 수가 있는 것이다.

　복음은 예수 그리스도이고, 엄밀히 말해 예수 그리스도를 통하지 않고서는 하나님을 이해할 수가 없기 때문에 이중적 경영 모형보다 복음적 경영 모형이 더 정확한 경영 모형이라 할 수 있겠다. 이중적 경영 모형과 복음적 경영 모형의 차이를 삼위일체의 관점에서 발견할 수 있다. 이중적 경영 모형에서 하나님은 성부 하나님, 성자 하나님, 성령 하나님을 포괄적으로 나타낸 것이다. 이에 반해, 복음적 경영 모형은 성자 하나님이신 예수 그리스도를 중심으로 나타낸 경영 모형이라 할 수 있다. 그런데 예수 그리스도는 성부 하나님 안에 계시고, 성부 하나님은 예수 그리스도 안에 계신다. 또한 성령 하나님은 성부 하나님의 영이며, 성자 하나님의 영이기도 하여, 이 진리의 성령은 늘 예수 그리스도를 증거하신다. 따라서 복음적 경영 모형을 예수 그리스도의 복음의 관점에서 설명하더라도 문제가 없다.

　먼저 예수 그리스도의 경영은 예수 그리스도의 계획, 예수 그리스도의 실행 그리고 예수 그리스도의 평가의 세 과정으로 나타낼 수 있다. 예수 그리스도를 따르는 그리스도인도 계획, 실행, 평가의 세 과정으로 경영을 한다. 그런데 요한복음 15장 7절에 의하면, 예수 그리스도는 그리스도인이 예수 그리스도 안에 거하고 예수 그리스도의 말씀이 그들 안에 거하기를 원하신다. 따라서 그리스도인은 언제나 주님의 말씀이 자신 안에 거할 수 있도록 해야 한다. 또한 예수 그리스도는 자기를 따르는 자는 지속적으로 기도하며 경영하도록 요청하고 있다. 예수 그리스도는 그리스도인이 이렇게 경영을 할 때 경영 목표가 달성될 것이라고 약속하고 있다.

　복음적 경영론은 예수 그리스도의 복음에 기초한 경영 이론을 말한다. 따라서 복음적 경영의 모델은 예수 그리스도이다. 그리고 예수 그리스도의 경영의 핵심은 마가복음에서 찾을 수 있다. "인자가 온것은 섬김을 받으려 함이 아니라 도리어 섬기려 하고 자기 목숨을 많은 사람의 대속물로 주려 함이니라"(마태복음 20:28) 하였다. 여기서 인자란, 메시아인 예수 그리스도 자신을 말한다. 하나님의 나라에서는 겸손한 섬김이 유일한 규칙이다. 여기에는 인자까지도 예외가 될 수 없다. 그는 섬기기 위해 — 구체적으로 말하면 많은 죄인들의 죗값을 치르기 위해 오신 것이다. 예수 그리스도는 '이방인의 집권자들은 자기 마음대로 다스리고 권세를 부리지만 제자들은 그렇게 하지 말고 종으로서 섬김의 경영을 할 것'을 요청하셨다.

복음적 경영의 목표

　복음적 경영의 첫째 과정은 계획인데, 계획에 있어서 가장 중요한 것이 목표 설정이다. 복음적 경영의 목표는 하나님 아버지를 영화롭게 하는 것이다. 예수 그리스도는 항상 하나님 아버지의 영광을 구하며 사셨다. 보다 구체적으로 예수 그리스도의 성육신과 삶, 죽음, 부활, 승천을 통해 하나님의 영광을 나타내셨다. 예수 그리스도는 그의 삶 전체에서 하나님 아버지의 목적에 초점을 맞추었고, 아버지의 뜻을 전달하는 데 중점을 두셨다. 이러한 목적은 특히 예수가 십자가의 고난을 앞에 두고 하나님 아버지께 드린 기도에서 잘 나타나 있다: 사도 바울은 예수 그리스도가 하나님 아버지의 영광을 위해 사신 것처럼 그를 따르는 그리스도인의 삶의 목표를 한 절로 요약하고 있다. 그렇다면 하나님의 영광을 위해 산다는 것은 무슨 의미인가? 바울은 다른 사람의 유익을 생각하는 것이라고 말하고 있는데, 다른 사람의 유익을 구한다는 것은 결국 하나님을 사랑하고 이웃을 사랑하라는 하나님의 두 가지 큰 계명과 같다는 것을 발견할 수 있다. 바울은 하나님과 사람을 사랑함으로써, 이웃들이 구원을 받고 하나님과 가까워지도록 돕는 것이 하나님의 영광을 위하는 것이라고 설명하고 있다.

복음적 경영의 실행과 평가

예수 그리스도는 자신의 계획을 제자들에게 미리 말씀으로 알려 주셨다. 그의 말씀에는 그의 계획이 나타나 있다. 예컨대, 예수는 자신이 고난을 받고 죽임을 당한 후에 삼 일 만에 살아날 것을 제자들에게 적절한 시기에 가르쳐 주셨다. 그리고 마가복음에 의하면 이 사실을 세 차례나 반복적으로 제자들에게 알려 주셨다. 예수 그리스도의 고난과 죽음 그리고 부활에 대한 계획은 그대로 실행되었다. 결국 그는 십자가에서 피를 흘리고 죽고 삼 일 만에 다시 살아나셨다. 이에 대하여 바울은 복음에 대해 분명하게 확인하고 있다. 예수 그리스도의 죽음과 부활에 대한 계획은 그대로 실행되었다. 그리고 그는 마지막 날에 재림하여 우리 각자가 행한 대로 평가를 하실 것이다. 달란트 비유에서 나타난 것처럼 모든 사람을 평가하여 주인의 소유를 잘 관리한 사람에게는 칭찬과 더 맡기심 그리고 주인의 즐거움에의 동참이라는 상급을 주실 것이다. 또한 주인의 소유를 잘 관리하지 못한 사람에게는 책망, 빼앗김 그리고 어두운 데로 내쫓김의 벌을 받게 된다.

복음적 경영 원리

예수 그리스도의 복음을 믿는 경영자는 예수 그리스도의 청지기(Oikonomos)라 할 수 있고 신약의 많은 비유가 이러한 인식에서 출발하고 있다. 청지기는 주인의 소유를 대신 맡아서 관리하는 사람으로 오늘날의 경영자에 해당한다. 기업에서는 주주와 채권자가 자신의 소유를 직접 경영하는 경우도 있으나 대부분의 경우 전문 경영자에게 관리를 위임한다.

예수 그리스도께서 말씀하신 많은 비유 가운데 옳지 않은 청지기의 비유가 경영의 개념을 잘 보여 주고 있기 때문에 여기서는 이 비유를 중심으로 복음적 경영 원리를 찾아 정리하고자 한다.

① 그리스도인은 예수 그리스도의 청지기이다. 그리스도인은 예수 그리스도의 청지기이기 때문에 주인인 예수 그리스도가 어떤 분인지 잘 알고 경영을 해야 한다. 즉, 예수 그리스도가 바로 창조주이며 하나님의 아들이라는 것을 인정하는 것이 복음적 경영의 시작이다. 또한 청지기에게는 소유권은 없고 관리권만 있다는 사실도 기억해야 한다.

② 사람은 하나님과 재물을 동시에 섬길 수 없다. 그리스도인은 재물을

섬기지 않고 오직 예수 그리스도만을 섬겨야 한다. 예수 그리스도는 제자들에게 하나님과 재물을 겸하여 섬길 수 없다는 것을 분명히 선언하셨다. 따라서 하나님을 주인으로 선택한 사람은 재물을 부리는 종으로 취급하게 된다. 반대로 재물을 주인으로 선택한 사람은 하나님을 천하게 여기기 마련이다. 하나님의 가치는 재물의 가치에 비할 수 없을 만큼 크다는 사실을 명심하고 하나님이신 예수 그리스도를 주인으로 선택하여 그분만을 사랑하며 섬겨야 한다.

③ 모든 재물은 하나님의 소유이다. 예수 그리스도는 재물을 남의 것이라고 말씀하셨다. 예수 그리스도는 창조주이기 때문에 모든 피조물은 그의 소유이다.

④ 그리스도인은 재물을 정직하게 벌고 정직하게 사용해야 한다. 예수 그리스도는 재물에 정직하지 않은 자는 하나님에게도 정직할 수 없다고 가르치셨다. 따라서 그리스도인은 재물을 버는 과정과 소비 과정에 늘 정직해야 한다.

⑤ 재물을 낭비하지 말고 영원의 관점에서 선용해야 한다. 이 비유 속에 나오는 청지기는 주인의 소유를 낭비했기 때문에 청지기직에서 쫓겨나게 된다. 예수 그리스도의 청지기가 되기 위해서는 재물을 낭비하지 말아야 한다. 또한 예수 그리스도는 제자들에게 불의의 재물을 친구를 사귀는 데 사용하도록 가르치고 있는데 이는 재물이 이 세상에서만 사용할 수 있기 때문에 영원한 가치가 있는 사람을 위해서 사용하라는 의미로 해석할 수 있다. 이를 옳지 않은 청지기의 비유 다음에 나오는 바리새인 이야기와 부자와 나사로 이야기와 연결하여 볼 때 이것은 구제를 통하여 가난한 자에게 복음을 전할 수 있도록 해야 한

다는 것을 함축하고 있다고도 할 수 있다.
⑥ 부자는 가난한 자의 빚을 탕감해 줄 수 있어야 한다. 이 비유에서 부자는 채권자이고 빈자는 채무자라는 등식을 유추할 수 있다. 이스라엘에서는 원래 부자가 가난한 동족에게 빌려줄 때 이자를 받지 않도록 되어 있었다. 그런데 만일 이자를 받았을 때는 이 비유 속의 청지기처럼 빚의 일부를 탕감해 줄 수 있어야 한다.
⑦ 청지기는 재물 외에도 복음, 재능 그리고 시간을 잘 관리해야 한다. 예수 그리스도는 이 비유 속에서 복음이 재물보다 더 중요하다는 사실을 반복적으로 강조하고 있다. 또한 본문 속의 청지기는 청지기직을 그만두게 되었을 때 자신의 재능을 파악하여 자신이 가장 잘할 수 있는 일, 즉 주인에게 빚진 자의 빚을 탕감해 주는 일을 선택하였다. 이와 같이 그리스도인은 자신의 재능을 확인하고 계속 개발할 필요가 있다. 또한 청지기는 그 일을 그만둘 때가 정해져 있다. 따라서 청지기로 있을 동안 시간을 허비하지 말고 세월을 아껴 최대한 선용해야 할 것이다.

복음적 기업 재무 경영

복음적 경영론은 개인이나 가계에서뿐만 아니라 학교 조직, 행정 조직, 군대 조직, 병원 조직, 교회 조직 그리고 기업 조직 등과 같은 모든 종류의 조직에 적용되어야 할 것이다. 여기서는 복음적 경영론을 정립하고 이를 기업에 적용하는 데 목적이 있기 때문에 기업 목표와 기업에서 중요한 재무 정책, 즉 투자 정책, 자본 조달 정책 그리고 배당 정책에 적용하여 살펴보도록 하겠다.

복음적 기업 목표

　전통적으로 기업은 이익 극대화, 가치 극대화 그리고 사회적 책임을 그 목표로 삼는다. 그런데 이 세 가지 목표는 시대적으로 이익 극대화에서 가치 극대화로 그리고 최근에는 사회적 책임으로 중심축이 이동되고 있는 것 같다. 그렇다면 복음적 기업 목표는 무엇이어야 하는가? 물론 그것은 이미 복음적 경영 목표에서 확인하였듯이 하나님을 영화롭게 하는 것이다. 이 목표는 복음적 경영을 실천하고자 하는 기업의 궁극적 목표가 되어야 한다. 그렇다면 어떻게 하나님을 영화롭게 할 수 있는가? 이 물음에 대한 답은 복음적 경영의 모델이신 예수 그리스도로부터 찾을 수 있다. 예수 그리스도는 아버지께 드리는 기도에서 성부 하나님께서 자신에게 하라고 주신 일을 이루어서 아버지를 이 세상에서 영화롭게 하였다고 하셨다. 따라서 기업 경영을 복음적으로 하기를 원한다면 예수 그리스도께서 우리에게 하라고 주신 일 또는 사명을 이루는 것이 그리스도를 영화롭게 하는 것이 된다.

　그렇다면 기업에서 그리스도를 영화롭게 하는 일이 구체적으로 어떤 것일까? 예를 들면, 회사 종업원 모두가 하나님의 형상대로 지어졌다는 사실을 인식하고 그들의 잠재 능력을 최대한 개발하기 위해 노력하는 것은 그리스도를 영화롭게 하는 것이다. 이러한 목표는 기업 가치 극대화라는 궁극적 목표를 이루는 파생적 목표라 할 수 있다. 복음적 경영의 파생적 목표로는 인적자원의 개발 이외에도 탁월한 제품을 생산하거나 최상의 서비스를 추구하는 것 등이 있을 수 있다.

이익 창출도 파생적 목표가 될 수 있는가? 이익은 복음적 경영의 결과로 얻어지는 것으로 봐야 한다. 이익 창출 자체를 목표로 설정하게 되면 윤리성에 문제가 발생할 여지가 있기 때문에 주의를 기울일 필요가 있다. 다른 한편으로 생각하면 이익이 발생하지 않으면 기업으로서 존재하는 것 자체가 불가능하다. 그래서 몇몇 크리스천 기업은 사업 목적에 이익 창출을 하나의 목표로 설정하고 있지만 다른 세 가지 목표 (하나님을 영화롭게 함, 사람들을 개발시킴, 최상의 서비스를 추구함)를 달성하기 위해 큰 이익을 기꺼이 포기할 수 있다고 명시하고 있다.

투자 정책

복음적 경영은 기업의 투자 정책에 어떻게 나타날 것인가? 투자 정책은 기업이 하나님을 영화롭게 하기 위해 수행할 사명 또는 비전을 선택하는 데에서 시작되어야 한다. 비전의 필요성은 잠언에서 찾을 수 있다. 비전이 없으면 백성이 망하게 된다. 기업 조직도 마찬가지다. 기업도 비전이 없으면 종업원들이 방자하게 행하여 결국 망하게 될 것이기 때문에 비전을 세울 필요가 있다.

비전이 세워지면 이것에 기초하여 어떤 사업 또는 서비스를 선택할 것인가를 결정해야 할 것이다. 이때 네거티브 스크리닝을 통해서 이웃을 해롭게 하는 사업은 피해야 할 것이다. 전통적으로 죄악시하는 담배, 술, 도박, 무기 업종은 피하는 것이 좋다. 이에 대한 좋은 기준은 존 웨슬리의 돈의 사용에 대한 설교이다. 그는 이웃을 해치게 함으로써 돈을 벌거나 이익을 취하지 말라고 설교하였다. 그의 설교는 세 가지로 요약할 수 있다. 첫째, 이웃을 재산상으로 다치게 하지 말라. 둘째, 이웃을 육체적으로 다치게 하지 말라. 셋째, 이웃을 정신적으로 다치게 하지 말라. 또한 보다 적극적으로 포지티브 스크리닝을 통해 기업이 가지고 있는 강점을 최대한 살려 이웃의 필요를 가장 효과적으로 섬길 수 있는 사업이나 제품을 선택해야 한다. 예를 들면, 자연과 인체에 무해한 순수 천연 원료만으로 만든 치약을 개발하고 시판한 환경친화적 기업이 있다. 이러한 선택은 SWOT 분석을 통해서 가능하다.

자본예산을 수립할 때는 투자 프로젝트의 경제적 타당성을 검토하는 것이 기본이지만 환경에 미치는 영향도 고려해야 한다. 경제적 타당성의 검토는 전통적으로 사용되고 있는 회수기간법, 회계적 이익률법, 내부수익률법 그리고 순현가법 등을 통해서 이루어질 수 있다. 예수 그리스도의 청지기로서 기업 경영자는 하나님이 창조한 환경을 가꾸고 보호할 책임이 있다. 이를 위해서 기업 경영자는 제품이나 서비스가 환경에 미칠 나쁜 영향을 최대한 줄일 수 있도록 노력하는 방법으로 제품의 설계부터 폐기에 이르기까지 모든 단계에서 환경에 미치는 영향을 분석하는 생애주기분석(Life Cycle Assessment)의 도입이 필수적이다.

투자 규모를 결정할 때는 작은 규모에서 시작하여 시장상황을 살펴가며 점진적으로 사업을 확대하는 것이 필요하다. 성경에 등장하는 부자들을 보면 처음에는 가진 것이 적었지만 여호와께서 복을 주심으로써 점진적으로 부자가 된 것을 알 수 있다. 이런 점에서 청지기로서 경영자는 축복의 복음을 믿는 것이 중요하다.

자본 조달 정책

투자에 필요한 자본을 어떻게 조달할 것인가를 결정하는 것이 자본 조달 정책이다. 자본 조달 정책의 핵심은 자기자본과 타인자본의 비율을 결정하는 데 있다. 기업에서 말하는 타인자본을 성경에서는 보통 빚으로 언급하고 있다. 따라서 빚에 대한 성경적 입장을 정리하여 이를 기업에 적용하는 것이 복음적인 자본 조달 정책이라 할 수 있을 것이다.

기업 재무 경영(Corporate Finance)에서는 부채 또는 자본구조(부채와 자기자본의 비율)가 기업가치에 정(+)의 영향을 주는지 아니면 부의(-)의 영향을 주는지 아직도 그 답을 잘 몰라서 자본 구조 퍼즐이라 부르고 있다. 이것은 부채가 기업가치를 증가시키는 측면도 있지만, 기업가치를 감소시키는 측면도 있기 때문이다.

성경은 타인자본 또는 빚에 대해 어떻게 말하고 있는가? 성경에서는 빚에 대해 부정적으로 말하고 있다. 이에 대한 근거는 신명기에서 찾을 수 있다. 여기서 이스라엘이 다른 나라로부터 차입을 하게 되는 것은 여호와의 말씀을 불순종하여 나타나는 저주의 현상으로 기술하고 있다. 반대로 이스라엘이 다른 나라에 대출하게 되는 것은 여호와의 말씀을 순종하여 나타나는 축복의 신호로 말하고 있다.

시편에서도 이 내용을 반증하고 있다. "악인은 꾸고 갚지 아니하나 의인은 은혜를 베풀고 주는도다"(시편 37:21) 하나님을 믿는 의인은 하나님의 축복을 받아 가난한 자에게 자비를 베풀 수 있지만 하나님을 믿지 않는 자는 여호와의 저주를 받아 가난하여 빌리게 되고 빌린 것을 갚을 수 없게 된다. 또 악인은 갚을 형편이 되어도 갚지 않으려

한다. 이러한 악한 사람을 현실에서 많이 볼 수 있다.

솔로몬은 가난하여 빚을 지게 되면, 채권자의 종이 된다고 경고하고 있다. "부자는 가난한 자를 주관하고 빚진 자는 채주의 종이 되느니라"(잠언 22:7) 이 말씀을 자세히 묵상해 보면 부자는 채권자, 빈자는 채무자라는 관계를 얻을 수 있다. 즉, 빚진 자는 부자가 아니라 빈자라는 것이다. 예수 그리스도는 불의한 청지기의 비유에서 어떤 부자는 채권자였고, 가난한 자는 부자로부터 밀과 기름과 같은 양식을 빌려서 생활할 수밖에 없는 것으로 설명하고 있다. 따라서 솔로몬의 빈부에 대한 정의와 예수 그리스도의 빈부에 대한 정의가 정확하게 일치하고 있다.

일반적으로 기업이 부채를 사용하여 투자에 필요한 자본을 조달하는 것은 부채의 자본비용, 즉 이자가 자기자본비용보다 낮기 때문일 것이다. 또한 기업이 부채를 사용하면 이자를 비용으로 처리할 수 있어서 감세효과와 같은 긍정적인 측면이 있기 때문일 것이다. 그러나 부채의 자본비용의 저렴성은 신용 상태가 양호한 우량기업의 경우에 해당된다. 신용도가 낮은 중소기업은 부채의 자본비용이 자기자본비용보다 낮다고 단언하기 어렵다. 특히 대부업체로부터 자금을 빌릴 경우 이자 비용이 최대 49%나 된다. 이뿐만 아니라 경기가 좋아서 이익이 발생할 경우에는 감세효과가 있지만 경기가 나빠서 손실이 발생할 경우에는 감세효과가 전혀 없다. 한 연구에 의하면 경제적 침체기에는 부채를 과다하게 사용하는 기업은 부채를 적게 사용하는 경쟁기업에 비해 시장 점유율이 크게 낮았다. 따라서 기업이 부채를 사용해서 자본을 조달할 경우에는 신중을 기할 필요가 있다. 호경기와 불경기가 순환하기 때문에 지혜로운 기업 경영자는 불경기에 대비해서 될수록 차입 규모를 낮추고 오히려 적정한 현금 또는 현금성이 높은 유동자산을 확보할 필요가 있다.

배당 정책

기업 경영자가 당기에 발생한 순이익 가운데 얼마를 주주에게 배당해야 하는가를 결정하는 것이 배당 정책이다. 기업의 배당 정책은 배당이 기업가치에 어떤 영향을 미치느냐에 따라 달라질 수 있다. 전통적으로 배당과 기업가치의 관계에 대해서 세 가지 입장이 있다.

첫째, 보수적 입장은 배당이 기업가치에 정(+)의 영향을 줄 것이라고 믿고 있다. 이 입장은 주주가 주식을 팔지 않고 회사가 존속하는 동안 끝까지 보유하고 있다면 그가 기업으로부터 받게 되는 현금흐름은 배당밖에 없다. 따라서 이러한 경우 주식의 가치는 미래에 받게 될 배당에 대한 현금흐름을 자본비용으로 각각 할인하여 얻은 현재가치를 모두 합한 것과 같다고 볼 수 있다.

둘째, 진보적 입장은 배당에 대한 세율이 자본이득세율보다 높을 경우에는 기업은 배당을 될수록 적게 지급하여야 한다고 말한다. 이러한 경우에는 배당을 지급하는 대신에 현금을 최대한 사내에 유보하거나 현금으로 시장에서 유통되고 있는 자사주를 매입해야 한다. 될수록 배당을 적게 지급하는 것이 기업가치에 긍정적인 영향을 미친다고 주장하였다.

셋째, 중도적 입장은 기업의 가치는 기업의 배당 정책에 영향을 받지 않는다고 주장한다. 기업은 단순히 배당을 증가시키거나 감소함으로써 기업의 가치를 높일 수 있다고 생각하지 않는다.

복음적인 경영을 하는 기업의 배당 정책에 대한 입장은 무엇일까? 오늘날 기업 재무 경영 이론은 주주의 부를 중요시하는 미국의 영향을 많이 받고 있다. 우리가 주주를 자본 제공자로 본다면 기업이 채권자에게 이자를 약정한 대로 지급하고 원금을 만기에 상환해야 하듯이 주주에게는 배당을 적절한 규모로 지급하고, 정기적으로 지급해야 할 것이다. 최근에는 한국에서도 배당성향을 높이거나 자사주를 매입하는 주주환원책을 실시하는 기업의 주식이 투자자들에게 매력이 높은 것을 확인할 수 있다.

청지기로서 경영자는 주주를 위해 기업 경영을 할 뿐만 아니라 종업원, 고객, 공급처, 기업이 위치하고 있는 지역 등 모든 이해관계자를 위해서도 경영해야 할 것이다. ㈜톰스오브메인은 세전이익의 10%를 예술, 교육, 환경보호, 인도적 지원의 4개 영역에 해당하는 자선단체에 기부하는 방침을 유지하고 있다. 국내 기업으로는 SJ기업이 투명하고 정직하게 번 돈의 10%를 개인뿐 아니라 회사에서 반드시 환원하는 것을 원칙으로 하여, 수익금 중의 10% 이상을 기부하고 있다. 따라서 예수 그리스도의 청지기로서 기업 경영자는 기업의 모든 이해관계자와 주주의 이익을 잘 조정해야 한다.

묵상하기

　복음에 대한 바른 이해가 모든 경영에 영향을 준다는 입장에서 먼저 복음의 콘텐츠를 중생의 복음, 성령충만의 복음, 치유의 복음, 축복의 복음 그리고 재림의 복음 등 다섯 가지로 파악하였다. 이어서 복음적 경영 모형을 제시하고 예수 그리스도를 복음적 경영의 모델로 확인하였다. 이어서 예수 그리스도의 말씀으로부터 복음적 경영 목표와 경영 원리를 발견하여 정리하였다. 마지막으로 복음적 경영론을 기업의 재무 정책인 투자 정책, 자본 조달 정책 그리고 배당 정책에 적용할 경우 이들 정책이 어떻게 되어야 하는지를 서술하였다.

　본 논문은 예수 그리스도의 복음을 포괄적으로 이해하고 이에 따라 복음적 경영론을 정립하여 이를 기업 경영, 특히 기업 재무 경영에 적용한 최초의 연구라는 데 그 의의가 있을 것이다.

기독 경영의 **핵심 원리**와
기업의 **사회적 책임 활동**

21세기 글로벌 사회로의 진입과 더불어 기업 간 경쟁에서 기업 네트워크 및 기업 생태계 간의 경쟁으로 경쟁 패러다임이 확대되고 있다. 이러한 변화에 대해, 대응력이 약한 기업은 물론 국내 중소기업은 값싼 노동력과 생산 기반을 제공하는 글로벌 아웃소싱에 밀려 국내외 경쟁력이 흔들리고 있다. 이에 국내 중소기업들은 글로벌 경쟁력을 확보하기 위한 노력의 일환으로 기업의 사회적 책임인 CSR(Corporate Social Responsibility) 활동을 통한 근본적인 관계 변화를 모색하고 있으며, 구성원들에게 CSR 활동에 대한 지속가능경영의 주체자로서의 역할이 그 어느 때보다도 강조되고 있다.

지속가능경영은 하나님이 창조하신 창조 질서를 회복하는 동시에 지속 가능한 경영으로 발전한다는 기독교 기업의 기독 경영과 일맥상통한다. 기독교 기업이란, 하나님의 주권하에 역량과 자원을 청지기적으로 활용하여, 가치 창출을 통해 하나님과 사람을 섬기는 사회적 공동체라 할 수 있다. 이러한 관점에서 볼 때 제한된 자원을 활용하여 가치를 창출하고 공유하는 CSR은 사람을 섬기는 사회적 공동체로서의 기독 경영의 핵심 원리를 반영하고 있는 것으로 볼 수 있다.

기독 경영 관점에서 기업의 사회적 책임 활동은 "그러므로 무엇이든지 남에게 대접을 받고자 하는대로 너희도 남을 대접하라"라는 마태복음 7장 12절 황금률에서 찾아볼 수 있다. 이 말씀은 이익극대화에서 가치극대화를 추구하는 기업의 경영 활동의 변화를 모색하는 동시에 적극적 CSR의 실천을 강조하고 있다. 따라서 고객의 입장에서 사회적 책임을 실천해야 함을 기업이 포괄적으로 이해함으로써, '소극적 개념의 사회적 책임이 아니라 적극적 개념의 자선적 책임과 사회 공헌'을 실현하는 기독 경영의 필요성이 요구된다.

기업의 지속가능성장의 일환으로 본 CSR 패러다임은 단순히 수익의 일부를 사회에 환원하는 CSR 실천 단계에서, 공유가치를 창출하는 CSV(Creating Shared Value)와, 장기적으로 경쟁력을 높이는 기회인 CSO(Corporate Social Opportunity)로 발전되어야 한다.

이 글에서는 기독 경영의 핵심 원리가 기업의 사회적 책임 활동과 얼마나 관련이 있는지를 알아보려 한다. 그리고 정부의 정책 성과의 판단 기준이 되고 있는 지속가능경영 자문 도구를 활용하여 그 관련성을 실증적으로 분석한 뒤 기독 경영의 성공적인 실천 방안을 찾고자 한다.

이 연구의 의의는 다음과 같다. 기독 경영의 핵심 원리를 잘 반영하는 기업들은 경영 패러다임의 변화에 능동적으로 대처할 수 있다. 그리고 브랜드 가치 향상과 경영적, 사회적 및 환경적인 성과를 개선함으로써 기업의 경쟁력 확보를 위한 새로운 기회로 활용할 수 있다. 또한, 기업들은 자발적인 CSR 활동을 통해 지출이 아닌 미래에 대한 투자 개념으로의 사회참여를 이루고, 미래가치를 창출하는 지속 가능한 경영으로 발전할 수 있을 것으로 판단된다.

CSR에 관한 주요 이슈들

CSR은 기업의 자선 활동과 복리후생주의 개념이 확산되던 19세기 말을 시작으로, 1930년대 대공황을 겪으면서 소강상태를 보이다가 1950년대 이후 활발하게 논의되어 왔다. CSR은 기업이 법이나 윤리적 관행을 지속하면서도 주주들의 의사를 존중하는 소극적인 CSR과, 단순한 법 이상으로 사회적 선을 강조하는 적극적인 CSR로 구분할 수 있다. 명확한 정의는 내릴 수 없지만 기업가치에의 긍정적인 영향에는 동의한다. 1992년 유엔 지구정상회의에서는 지속가능개발을 기업 경영 활동으로 선언하였다. 그 이래로 글로벌 기업들이 이윤추구나 주주가치의 극대화에서 나아가 고객과 종업원, 지역사회 및 환경 등 이해관계자들의 요구를 고려한 사회 및 환경적 가치에 관심을 가지면서, CSR의 필요성과 실천이 강조되어 왔다.

또한, UN은 글로벌 콤팩트(Global Compact) 출범을 통해 인권, 노동, 환경 및 반부패와 관련하여 기업의 준수를 촉구하고 있으며,

OECD는 다국적 기업에 대한 가이드라인과 기업지배구조에 관한 원칙 등을 제정하고 있다. 이렇게 변화하게 된 데에는 다국적 기업인 엔론의 비윤리적인 기업 경영의 영향도 있었다. 이에 재무적 성과로만 경영성과를 측정하던 기업평가에서 '경영적 성과, 환경적 성과, 사회적 성과 등의 세 가지 핵심 요소(Triple Bottom Line)'를 기준으로 경영성과를 측정하게 되었다. 즉 지속가능경영을 추구하는 방향으로 변화되고 있는 것이다.

2010년에는 ISO 26000이라는 사회적 책임에 관한 국제적 표준 가이드라인이 공표되어 기업뿐만 아니라 정부, 노조, 소비자, 기업 및 시민단체까지 사회적 책임의 적용 영역이 광범위하게 확대되었다. ISO 26000은 사회가 요구하는 상황과 목표에 기업이 어떻게 대응하고 영향을 줘야 하는지에 관한 표준이다. OECD는 기업과 사회를 공생관계로 보고, 사회를 발전시켜 나가야 할 기업의 실천 행동 규범을 정하고 있다.

기독 경영에 관한 핵심 원리

기독 경영이란 기업에 적용 가능한 원리를 성경에서 찾아내어 현실 경영에 적용히는 것이다. 기업 경영에 하나님의 주권이 나타나 하나님 나라가 확장되면서 하나님 사랑과 이웃 사랑을 실천한다. 그리고 하나님 뜻에 따라 기업 경영 활동을 통해 선한 영향력을 끼침으로써 종업원들이 주님을 영접하게 하는 활동이라 할 수 있다.

현재 기독 경영학자들이 중심이 되고 있는 기독경영연구원과 한국로고스경영학회의 설립 취지와 비전을 통해 기독 경영의 의미를 찾아보았다. 먼저 기독경영연구원은 "하나님의 뜻 안에서 기업 경영과 선교사명을 감당하고자 하는 경영학자, 기업인, 전문인 및 직장인들이 하나님 나라의 비전을 가지고 연구, 교육, 봉사, 선교하는 기관"이라는 설립 취지를 지닌다. 또한 "하나님의 말씀에 입각한 신앙, 지식 및 사역 공동체로서 성경적 세계관을 기본으로 기업 경영과 성경원리를 적용하는 데 기여하는 전문기관"이라는 비전을 소개하고 있다.

한국로고스경영학회는 "CEO로서 예수께서 실천하신 성경적인 경영 원리들을 연구하고 체계화하여 적용하기 위해 설립된 학회"라는 설립 취지를 지닌다. 또한 "하나님께서 세상적인 경영 원리와는 다른 경영 원리를 사용하신다는 것을 깨닫고, 성경적인 경영 원리를 탐색하여 현실 경영에 적용한다."라는 비전을 지닌다.

두 기관의 설립 취지와 비전을 비교할 때 기독 경영에서 간과하지 말아야 할 것이 있다. 기독 경영은 경영에 초점을 맞추고 있기에 기업 경영이 복음 전파의 수단으로 사용될 수 있다 하더라도, 그 초점은 경영의 원리와 이의 적용에 맞춰져야 한다. 즉, 기업이 산출한 제품이나 서비스를 통해 고객을 만족시키는 것이 가장 큰 사명이다. 이러한 기업의 사명보다 선교적 사명을 더 중요하게 판단하는 우를 범하지 말아야 한다. 그러면서 동시에 기독 경영의 연구 결과들이 기업 현장에서 적용되어야 함을 인지해야 한다. 기독 경영을 기업에 적용할 수 있는 성경의 원리들로는 생명의 보존과 창조 질서의 원리, 사랑의 원리, 청지기 원리, 섬기는 종의 원리, 하나님 나라의 확장 원리, 율법의 원리 등이 소개되고 있다.

기독 경영과 일반 경영과의 차이점은 다음과 같다. 기독 경영은 하나님의 뜻을 발견하여 창조 명령을 구체적으로 구현하는 현장을 기업으로 인식한다. 단순히 주주의 이익만을 대변하는 것이 아니라 창조 명령의 수행 파트너이자 하나님 나라의 자원을 관리하는 청지기로서의 역할을 강조한다. 또한, 기독 경영은 하나님의 형상을 닮은 인간을 중시함으로써 인간을 '창의성이 회복된 공동체성'이 가능한 존재로 보고 종업원과 고객 및 거래처를 가족 같은 마음으로 대하는 경영 원리를 적용한다. 기독 경영은 노동의 기쁨이 회복되어 하나님께 영광 돌릴 수 있는, 하나님이 원하는 인간관과 노동관을 갖는다. 즉 비전 경영, 섬김의 경영, 신뢰의 경영, 정직의 경영, 사회적 책임 경영 등을 추구하고 있다.

기독 경영에서는 기업의 경영 활동을 통해 하나님 사랑과 이웃 사랑이 표출되어야 한다. 기독 경영의 대전제는 이러한 하나님 사랑의 표출이 기업 활동을 통해서만 가능한 것이 아니라 삶 전체와 다른 영역에서도 실현될 수 있다는 것이다. 따라서 기독 경영을 "청지기 정신으로 기업을 경영하는 것"이라고 정의한다. 기독 경영의 핵심 원리로서 창조, 책임, 배려, 공의, 신뢰 5가지를 정의하기도 한다.

이상에서 기독 경영의 핵심 원리들을 살펴보았다. 본 연구에서는 기독 경영의 전체 내용을 포괄적으로 요약하고 있는 기독 경영의 핵심 원리 5가지와 CSR의 7가지 주요 이슈들의 연계성을 찾아 CSR 실천 중소기업들을 대상으로 적용하여 분석하고자 한다.

CSR의 이슈와 기독 경영 핵심 원리에 대한 관련성 분석

본 연구에서는 지속 가능한 경영을 공통적으로 추구하고 있는 기독 경영의 핵심 원리와 CSR 활동 이슈 사이의 관련성을 알아보고자 한다. 학자들은 CSR과 기독 경영이 밀접한 관련성을 가지고 있다고 주장하고 있다. 『하버드비즈니스리뷰(HBR)』에서는 탁월한 기업, 성장하는 기업의 지속적인 혁신 비결을 알아보기 위해 2000년부터 2009년까지 10년 동안 2,347개 기업의 경영 실적을 분석하였다. 그리고 연간 5% 이상 순이익의 성장률을 기록한 경영 실적 10개를 분석한 결과 공통점을 발견하였다. 공통점은 다음 세 가지가 있다.

첫째, 하나님의 "생육하고 번성하라."라는 창조 명령에 민첩하게 적응하여 자유, 재능 개발, 참여의 명령을 잘 수행하면서 기업을 번성시켰다. 둘째, 효율성과 효과성을 고려한 지속가능경영을 실현하기 위해 탄력적으로 프로세스를 개선하여 지원하는 책임 경영을 수행하였다. 셋째, 경영진이 가진 문화와 공통 가치를 재능 개발, 이해관계자들에 대한 배려와 신뢰, 공정한 성과 배분 등 사람 중심의 기업문화로 승화시켰다.

이러한 연구 결과는 CSR이 성경적인 경영 원리를 적용하고 있는 기독 경영과도 매우 밀접한 관련성이 있음을 나타낸다. 성경에 나타난 사회적 책임, 경제적 책임, 법적 책임, 윤리적 책임 및 자선적 책임이 CSR에도 그대로 나타난다. CSR 활동을 통해 기업이 거듭나고, 기업은 사회 공헌을 통해 지속가능경영의 실천 전략을 펼치기 때문이다. 기업의 사회적 책임이 발전하고 정착되기 위해서는 대기업 중심이 아닌 중소기업 중심의 CSR 활동의 확대가 이루어져야 한다. 또한 이렇게 함으로써 중소기업의 경쟁력 확보를 이룰 수 있다.

이에 우리나라의 중소기업 가운데 지속가능경영을 성공적으로 수행하고 있는 기업들을 대상으로 성경적인 경영 원리가 어떻게 적용되고 있는지를 분석해 보았다. 이를 위해 CSR의 주요 이슈와 기독 경영의 핵심 원리에 대한 관련성을, 하나님과의 관계성이 아니라 인적(사회적) 측면인 이웃 사랑에 초점을 두고 분석하였다. 또한 CSR의 이슈와 기독 경영 핵심 원리에 대한 공통점을 도출하였다. 이에 전문가 집단으로 참여한 구성원들이 델파이법에 의해 의견 일치에 도달하였다.

실증적인 분석

중소기업청 연구 프로젝트의 연구 결과물인 『아름다운 동행을 위한 중소기업 CSR』에서 소개하고 있는 '23개 사례 기업'을 연구 대상 기업으로 선정하였다. 이들 기업들은 우리나라 중소기업 중에서 지속가능한 경영을 실천하고 있는 대표적인 기업들로 구성되었다. 23개 기업들은 중소기업청에서 주관하는 지속가능경영 대상에서 수상을 하거나, 심사 대상에 선정된 기업들이다. 즉 당당하게 CSR 활동 우수 기업으로 선정되어 정부로부터 다양한 인증을 받은 중소기업들이다.

이들 사례 기업들은 CSR을 통한 나눔과 가치 공유인 '이익의 단순한 사회적인 환원'의 차원에서 더 나아갔다. 즉 기업과 사회의 상호 협력을 통한 상생에서 새로운 가치 창출로의 변화를 인식하고, 나눔과 배려가 기업을 성장시키는 중요한 핵심 요인으로 작용되고 있음을 인식하고 있는 것으로 나타났다. 궁극적으로 사례 기업들은 다양한 CSR 활동을 통해 지속가능경영을 진행하고 있으며, 이러한 기업의 영속성에 기독 경영의 핵심 원리들이 다양한 분야별로 인식될 수 있을 것으로 사료되어 이를 실증적인 분석을 통하여 검증하고자 본 연구를 수행하게 되었다.

객관적으로 검증된 23개의 CSR 실천 기업들을 대상으로 중소기업 CSR의 지속가능경영지수를 도출하는 툴인 '기업의 지속가능경영 자문 도구'를 활용하였다. 그리고 기독 경영의 핵심 원리가 지속가능경영에 어떠한 관련성을 가지고 있는지를 실증적으로 분석하기 위하여 설문과 인터뷰, 수집된 자료를 통해 과학적인 방법으로 측정하여 분석하였다.

이에 앞서 CSR 실천 기업들을 대상으로 집단 간 CSR의 7가지 이슈와 기독 경영 5대 핵심 원리와의 관계성을 알아보기 위하여 1차적인 분석을 실시하였다. 먼저 SNA(Social Network Analysis) 분석을 위해 개인 및 집단 간 관계를 다차원적으로 분석하여 기업의 사회적 책임을 실천하고 있는 기업들의 위상 구조와 확산 및 응집성에 대해서 분석하였다.

구체적으로 CSR 활동에 대한 ISO 26000의 7가지 이슈를 중심으로 다양한 분야들을 측정하였다. 이에 기독 경영의 핵심 원리가 잘 반영되어 있음을 확인하고 기독 경영의 핵심 원리와 지속가능경영의 관계성을 파악하기 위해 사례 기업들의 CEO와 종업원들을 대상으로 설문조사를 실시하였다. 『아름다운 동행을 위한 중소기업 CSR』 연구를 수행하였던 전문 인력과의 인터뷰를 통해 표준값을 측정하고 사례집과 기본적인 자료를 제시한 후 그 성과를 측정하였다.

이에 전술한 조사 방법을 통해 기독 경영의 핵심 원리와 CSO의 방법론으로서의 CSR과 마이클 포터가 제안한 CSV를 중심으로 기독 경영의 성공적인 실천 방법을 제안하고자 한다. 사용된 변수들은 CSR의 7가지 이슈와 기독 경영 5대 핵심 원리의 비교를 통해 설문지를 구성하였으며, 변수의 조작적 정의를 구성하였다.

기독 경영 5대 핵심 원리 중 첫 번째 원리는 창조의 원리이다. 이는 가치 창출 활동에 창의적인 아이디어를 자유롭게 활용하는 원리로서 자유, 재능 개발, 참여 등이 전제되어야 함을 강조하고 있다. 두 번째 원리는 책임의 원리이다. 조직의 목표를 효과적이고 효율적으로 달성하여 이해관계자의 기대에 부응하는 원리로 효율성, 효과성, 지속가능성을 들고 있다. 세 번째는 배려의 원리이다. 다른 사람들을 이해하는 포용성, 호혜성, 사회 공헌을 들고 있다. 네 번째는 공의의 원리이다. 하나님의 의에 따라 공정하게 판단하고 행동하는 원리로 형평성과 평등성, 공평성을 들고 있다. 마지막으로 신뢰의 원리이다. 하나님 앞에서 거짓 없이 행하며 이해관계자들에게 믿음을 주는 원리로 정직성,

투명성, 진실성을 들고 있다.

기독 경영은 황금률로서 하나님의 창조 명령과 함께, 하나님으로부터 위임받은 청지기로서의 책임과 하나님의 사랑 원리인 배려를 통해 하나님의 공의를 실현한다. 그리고 이 가운데, 이 땅에서 기업과 이해관계자 간에 신뢰가 회복됨으로써 기독 경영이 구체적으로 실천될 것으로 사료된다. 기독 경영의 5대 핵심 원리를 반영한 설문지를 통해 설문 대상 기업들의 정보(홈페이지 및 사례분석 참조)를 기초로 하여 전문가가 개인의 의견을 계량화하였다. 이후 총점을 평균화하여 평균 점수로 평가하고자 한다. 평가 척도는 계층적 분석 방법을 위해 유리할 것이라는 판단에서 10점 척도를 사용하였다.

먼저 집단 간의 주요 이슈에 대한 관련성을 검증하기 위하여 CSR 핵심 이슈와 기독 경영 5대 핵심 원리가 응집된 그룹을 조사하였다. 이를 위해 설문조사를 진행하고, CSR 및 홈페이지 자료를 수집하여 2개 이상의 이질적인 요소로 구성된 데이터를 분석하였다. 이때 데이터 표현을 통한 창조, 책임, 배려, 공의, 신뢰로 응집된 23개 기업들의 데이터를 분석하였다.

다음으로, 5대 핵심 원리의 적용 기업 간 포지셔닝 맵 도출을 위해 최적 모형을 설계하기 위하여 사례 기업들에서 가장 잘 실천되고 있는 핵심 요소들의 우선순위를 파악하였다. 본 데이터는 전문가 집단인 교수 2명, 박사과정 2명, 석사과정 3명을 중심으로 도출하였다. 10에서 1까지 데이터로 변환된 7명의 전문가 데이터 중 가장 높은 값과 가장 낮은 데이터값을 제외한 최적의 5개 데이터값을 통해 핵심 원리의 우선순위를 적용하여 값을 도출하였다.

분석 1: 1차 심층 조사 결과

기존에 출판된 CSR 활동 중소기업의 기본 데이터와 설문조사 결과를 바탕으로 1차 심층 조사 결과를 분석하였다. 분석한 결과 중소기업이지만 기독 경영의 핵심 원리인 창조, 책임, 배려, 공의, 신뢰의 적용이 잘된 것을 확인하였다. 이에 10점 만점 리커트에 7점대의 높은 결과를 얻었다. 본 23개의 기업들은 고객과 가치 중심 및 사회 공헌의 역할을 잘 감당하고 있는 것으로 나타났다.

대부분의 중소기업들은 국내외에서 기부 활동을 하고 있었다. 수출과 내수 기업 간의 차이로 해외와 국내 기부로 나뉘어 핵심 요소 중 배려에 대한 비중이 높게 나타났으며, 환경 경영과 나눔 경영에 대한 실천으로 책임이 높은 기업들로 나타났다.

ISO 26000의 7대 요소들을 기본적으로 잘 실천하고 있는 사례 기업들은 기독 경영의 5대 핵심 원리도 잘 반영하고 있는 것으로 나타났는데, 특히 CSR의 핵심 이슈 가운데 노동, 인권, 지역사회 참여에 해당하는 기업들은 배려와 공의 영역에서 점수가 높은 것으로 나타났으며, 조직과 소비자에 대한 이슈를 잘 반영하고 있는 기업들은 책임 영역에서 점수가 높은 것으로 나타났다.

기본적인 데이터들을 활용하여 상대적인 비교를 위해 23개의 기업들의 상대적인 중요도를 고려한 다차원 분석을 실시하였다. 응답자들이 평가한 대상들 간의 유사성 자료를 기초로 공간상에 측정 대상들의 상대적 위치를 표현한 것이다. 한국OSG, 나노엔텍, 유진크레베스,

네패스가 유사성이 있는 기업, 애플애드벤처, 한국유나이티드, JVM, 영일기업이 유사성이 있는 기업으로 나타났다.

첫 번째 그룹과 두 번째 그룹은 나눔과 배려 및 공의에 대한 이슈가 높은 기업이었다. 이 그룹들은 노동과 인권에 대한 관련성이 높았다. 나머지 기업들은 환경에 대한 이슈가 높은 기업이었다. 다른 그룹은 고객에 대한 이슈가 높은 기업으로 책임에 대한 유사성이 높은 기업으로 나타났다.

다차원 분석을 통한 차원을 분석한 결과 창조, 책임, 배려, 공의, 신뢰를 통합한 최적의 대안으로서 네패스, 나노엔텍, 유진크레베스, JVM, 한국유나이티드, 애플애드벤처, 한국OSG는 상위 그룹이었다. 기독 경영의 핵심 원리와 높은 관여도가 있는 것으로 나타났다. 이는 기업의 CSR 활동의 핵심 영역인 ISO 26000의 7대 영역을 잘 수행하는 기업들이 기독 경영의 핵심 원리도 잘 반영하고 있는 기업으로 분류된 것으로 볼 수 있다.

좀 더 세분화된 분석을 위해 기독 경영의 핵심 원리를 잘 적용하는 모형과 기업을 도출하였다. 이를 위해 다양한 전문가의 의견을 기초로 상대적인 중요도를 찾아 계층을 분석하였고 실제 기독 경영의 핵심 원리의 중요도를 23개 기업에 적용함으로써 최적 대안을 찾았다.

분석 2: 분석을 통한 최적안 찾기

계층적 분석 방법의 일종인 엑스퍼트 초이스(Expert Choice) 소프트웨어는 다기준 의사결정을 지원하는 툴로서 의사결정의 주관적 판단뿐만 아니라 경험적인 데이터를 추가하여 의사결정자의 의사결정에 도움을 주도록 고안된 프로그램이다. 이를 통해 CSR 실천 중소기업을 대상으로 창조, 책임, 배려, 공의, 신뢰의 기독 경영 핵심 원리 모형을 대입하여 23개의 기업 중 어떠한 기업이 기독 경영 핵심 원리를 가장 잘 반영하고 있는지를 분석하였다.

가장 높은 지수인 배려와 책임을 기준으로 CSR 실천 기업 중 기독 경영의 핵심 원리를 가장 잘 적용하고 있는 대안을 찾은 결과 나노엔텍이 가장 높았으며 JVM, 올가홀푸드, 한국유나이티드, 유진크레베스 순으로 나타났다.

가장 높은 가중치인 배려를 X축으로 두고 신뢰를 Y축으로 둘 때 CSR 실천 기업 중 기독 경영의 핵심 원리를 가장 잘 적용하고 있는 기업으로는 네패스, 나노엔텍, 유진크레베스, JVM, 한국유나이트 등이 나타났다. 이때 배려를 중심으로 한 신뢰의 중요도는 네패스가 가장 높은 것으로 나타났는데, 이는 인터뷰 결과와 동일하게 네패스의 CEO가 기독 경영의 핵심 원리를 가장 잘 반영하고 있어서 그 신뢰를 바탕으로 기업을 성장시켜 나가고 있다고 판단된다.

배려를 중심축 X로 공의를 Y축으로 했을 때 CSR 실천 기업 중 기독 경영의 핵심 원리를 가장 잘 적용하는 기업으로는 JVM, 애플애드벤쳐, 한국OSG, 영일기업, 네패스, 유진크레베스 등이 나타났다. 하나님 나라의 형평성과 평등성을 고려한 공의는 기독 경영을 표방하고 있는 JVM, 한국OSG, 네패스, 유진크레베스가 높게 나타났다.

배려를 X축으로 창조를 Y축으로 할 때 CSR 실천 기업 중 기독 경영의 핵심 원리를 가장 잘 적용하는 기업으로는 나노엔텍, 네패스, 경성산업, 동양잉크, 금복주, 남도식품 등의 순으로 나타났다.

전체 모형에서 책임과 배려, 공의, 창조, 신뢰를 지원하는 모형에 있어 의사결정에는 나노엔텍, 네패스, 유진크레베스, JVM, 한국유나이티드, 애플애드벤처가 최적 모형으로 나타났다. 확인 결과 나노엔텍과 애플애드벤처를 제외한 모든 기업이 CEO와 창업주가 기독 경영을 표방하고 있었다. 창조와 책임, 공의, 신뢰, 배려를 조화롭게 적용시켜 하나님으로부터 물려받은 기업을 영위해 나가고 있음을 인터뷰 결과 확인할 수 있었다.

창조, 책임, 배려, 공의, 신뢰와 더불어 전체 모델을 적용한 기업의 최적 모형 중 5대 항목의 중요도를 나타내었다. CSR 실천 기업들은 핵심 원리 중 배려를 가장 높은 기준으로 두고 다음으로 책임, 공의 및 창조를 두고 마지막으로 신뢰를 적용하고 있는 것으로 나타났으며, 기본적으로 사회적 책임을 다하는 기업 활동이 기업과 이해관계자 간의 신뢰를 형성할 수 있음이 분석 결과 입증되었다.

전체 모형을 설명하는 사례로 중소기업의 CSR 활동 기업들을 대상으로 기독 경영의 핵심 원리를 적용한 결과 최적의 모형에 나노엔텍을 추출하였는데 기본적으로 나노엔텍의 CEO는 크리스쳔은 아니지만 기독 경영의 핵심 원리를 잘 적용하고 있는 기업으로서, 중소기업으로는 유일하게 최근 3년 동안 『지속가능경영보고서』를 발간하고 있다.

단순히 사회에 보여 주기 위한 CSR 활동이 아니라 『지속가능경영보고서』 발간을 통해 내외부 이해관계자는 물론 해외 바이어들의 이해를 도모할 수 있었다. 이렇게 함으로써 기업이 일시적으로 어려움에 처한 상황에서 이해관계자들의 협력으로 다시 한번 성장할 수 있었으며, 기업을 지속 가능한 경영으로 이끌어 가는 성장 동력을 마련할 수 있었다.

지금까지 살펴본 바와 같이 CEO 혹은 창업주의 기독 경영으로의 표방이 기업의 CSR 활동에 긍정적으로 영향을 끼치는 것으로 나타났다. 또한, 기독 경영을 표방하지 않고 있지만 이웃과 고객, 지역사회 혹은 이해관계자들을 위한 배려와 신뢰, 공의 및 책임 경영을 수행하고, 하나님이 원하시는 청지기로서의 삶을 잘 실천해 나가는 것이 기업의 지속가능경영을 가능하게 해 주는 원동력이 될 수 있음이 본 연구 결과 입증되었다.

묵상하기

본 연구는 기업의 사회적 책임과 기독 경영이 어떠한 관련성을 가질 것이라는 전제하에서 출발하였다. 실증적인 분석 결과 사례 기업들은 기업 경영에 있어서 단기적이고 개별적인 이윤추구가 아닌 장기적이고 지속 가능한 경영을 위한 기독 경영 핵심 원리들을 적용하고 있었다. 이러한 적용은 다양한 성과와 더불어 CSR 활동에 긍정적인 영향을 미치는 것으로 나타났다. CSR 실천을 통한 기업의 경영적, 사회적 및 환경적인 성과의 달성이 결국은 하나님 나라의 확장을 위한 황금률을 실천하는 것으로 볼 수 있을 것이다.

CSR은 사회와 사람이 상생할 수 있는 방법이다. 기독 경영의 영적 차원에서는 하나님으로부터 받은 재능을 가지고 기업을 생육하는 것이고, 인적 및 사회적 측면에서는 기업을 번성시켜 나간다는 기본적인 책무를 다하는 것이다. 기독 경영자는 종업원이나 이해관계자들에게 청지기의 사명을 감당하는 책임자로서 배려하고 공의를 실천하면서 신뢰를 쌓아 갈 수 있는 토양을 만드는 것이 중요하다.

이번 분석을 통하여 기독 경영의 핵심 원리인 창조, 책임, 배려, 공의, 신뢰가 CSR을 성공적으로 실천하고 있는 중소기업들을 통하여 표출되고 있다는 아주 흥미로운 사실을 실증적인 분석 결과를 통해 발견하였다.

한국 기업은 제품, 서비스 및 기술 변화보다 CSR 활동을 통한 공유가치 창출이 더 많은 사회경제적 활동의 질적 변화를 가져온다는 기존 분석 결과가 있었다. 이윤극대화의 개념을 넘어선 박애에 기초한 최고 경영자의 선행 의지가 CSR 활동에 가장 큰 동기가 된다는 것으로 볼 수 있다. 또한 본 조사의 중요 요인으로 고려된 '배려와 책임의 요인이 최적의 모형으로 설정된 나노엔텍'에서는 이해관계자의 배려와 고객에 대한 책임이 지속가능경영과 밀접한 관련이 있음을 알 수 있다.

계층적 분석 기법을 활용하여 CSR 사례 기업들과 기독 경영 핵심 원리 적용의 상관관계를 적용함에 있어 전문가 집단을 통하여 CSR에 대한 속성평가를 실시하였다. 조사 진행 전 CSR 사례 기업을 조사한 경험이 있는 연구진의 심층 인터뷰와 더불어 기업의 홈페이지를 참고하여 설문조사 및 자료를 분석함으로써 분석의 객관성을 강조하였다. 분석 결과 다양한 계층의 의견들을 모두 반영하지는 못했지만 계층적 분석 기법(AHP)의 기본 방향인 전문가의 심층적인 의견을 반영함으로써 의사결정 지원의 최적의 대안을 찾아내었다.

나노엔텍이나 유진크레베스, 네패스, 애플애드벤처, 한국유나이티드 등은 CSR 활동을 잘 수행하고 있는 기업이었다. 이러한 높은 수행률은 기업에 더 많은 이익을 환원해 주는 효과로 나타났다. 기독 경영자인 CEO들은 하나님으로부터 위임받은 청지기의 삶을 잘 실천함으로써 기독 경영의 핵심을 잘 반영하여 지속적인 성장을 견인할 수 있다고 사료된다.

그러나 본 조사의 한계점은 다음과 같다. ISO 26000의 핵심 이슈와 기독 경영 핵심 원리의 연계성을 고려함에 있어, 좀 더 현장 경험을 갖춘 전문가들이 평가에 참여하였다면 더 객관적인 데이터 수집에 유리했을 것으로 판단된다. 속성에 대한 가중치 부여나 측정 기준을 고려하거나 다양한 전문가 집단을 통해 공유하는 것이 필요할 것으로 사료된다.

또한, 분석 대상 기업들에 대한 데이터 수집의 전문성을 배제하더라도 CSR 실천 중소기업들에 대한 지속가능성을 측정할 수 있는 자료를 수집, 분석하는 것이 매우 의미 있을 것으로 생각된다. ISO 26000

의 주요 이슈들을 모두 성공적으로 실천하고 있는 사례 기업을 찾기가 쉽지 않는 것 또한 한계로 지적될 수 있다. 그리고 사회적 책임을 다함으로써 제3기관의 인증을 받은 『지속가능경영보고서』를 발간하는 기업은 희박하기에 데이터에 대한 희소성으로 인해 한계점이 존재한다. 향후 대기업과 중소기업의 비교를 하거나 『지속가능경영보고서』를 발간하는 CSR 실천 기업들을 대상으로 추가적인 조사를 한다면 신뢰성을 더욱 높여 줄 것이다.

목회자와 선교사의 **노후 준비**, **국민연금** 알아보기

국민연금, 왜 필요한가?

모든 사람은 일생에 걸쳐 돈을 벌며, 이를 소비한다. 각 인생의 시기에 따라 벌어들이는 소득과 지출하는 소비가 일치한다면 매우 이상적이겠지만, 현실은 그렇지 못하다. 대개 청년을 지나 중년의 시기에는 소비보다 소득이 높아 잉여 소득이 발생하지만, 노년, 특히 직장을 은퇴한 이후에는 필요한 소비에 비하여 버는 소득이 부족하여 결핍이 발생한다. 따라서 젊은 시절의 잉여 소득을 노년 소득 결핍에 충당하도록 일생의 재정을 설계하는 것이 매우 중요한데, 이를 일반적으로 노후 준비라고 한다.

어떤 사람들은 체계적인 노후 준비를 통하여 평생 안정적인 재정을 유지하지만, 일부 사람들은 노후 준비를 제대로 하지 못하여 빈곤한 노년을 보내게 된다. 특히 소득이 높지 않은 저소득층이나 재정 지식이 없는 이는 체계적으로 노후 준비를 설계하기가 어렵다.

교회의 목회자도 일부 예외적으로 고소득을 버는 분이 있지만, 대부분이 소득이 낮은 편이다. 특히 개척교회나 농어촌 교회의 목회자나 해외 선교사는 사역에만 집중하여 노후 준비에 신경을 쓸 겨를이 없어 노년에 이르러 빈곤의 상태에 빠지는 경우가 많이 발생하고 있다. 평생 신실하게 헌신하여 온 분들의 노후를 교회나 선교지에서 감당할 수도 없는 것이 문제이다.

성경에서도 다른 백성과 달리 기업으로 땅을 받지 못한 레위인들, 즉 제사장 직분을 맡은 사람에게는 이스라엘 자손이 십일조를 거두어 그들의 몫으로 주었다. 레위인의 몫이 제대로 돌아가지 않을 때는 레위인들이 생계를 위하여 성전을 떠나 밭으로 돌아가는 일도 발생하였다. 따라서 소규모 교회 목회자나 선교사에 대한 최소한의 노후를 보장하여 주는 방안을 체계적으로 마련하는 것이 절실한 과제이다.

여기서는 국내외에서 사역하는 선교사, 중소 교회에서 사역하는 목회자, 또는 기타 분야에서 소득이 낮으신 근로자에게 노후에 가장 기초적인 연금 혜택을 누리는 방안을 모색하고자 하는 것이 목적이다. 이를 위하여 공적연금제도인 국민연금 등을 통하여 기초적인 노후 준비를 어떻게 하면 좋을지에 대한 방안을 마련하고자 한다.

지금까지 목회자의 노후 준비에 관한 연구들이 일부 있었다. 일찍이 정부에서는 성직자의 노후보장을 위하여 국민연금 가입을 위한 조사를 진행하였다. 성직자의 노후보장 실태를 분석하고 국민연금 가입을 증진하려는 방안을 모색하였는데, 성직자의 국민연금 가입률이 낮다는 점이 확인되었으며, 교육 및 유인책 제공을 통해 가입률을 높일 수 있는 다양한 전략을 제안하였다. 또한 목회자의 경제적 노후 준비 실태를 조사하고 이를 개선하는 방향을 제안하고자 하였는데, 많은 목회자가 경제적 노후 준비가 부족하며, 체계적인 재정 교육과 사회적 지원 시스템이 필요함을 강조하였다. 또한 국민연금제도를 활용하여 목회자의 노후 준비를 지원하는 방안을 연구하였는데, 사례를 통해 체계적인 노후 준비 서비스 모델이 효과적임을 보여 주었으며, 이를 기반으로 한 정책적 제언을 제시하였다.

이러한 조사들은 국민연금이 성직자와 목회자의 노후 준비에 효과적인 수단임을 보여 주었으나, 효과적인 제도를 성직자가 어떻게 용이하게 활용하여야 하는지에 대한 방법론은 제시하지 않았다. 따라서 여기서는 목회자가 연금제도를 이해하고 이를 가입하여 혜택을 누릴 수 있도록 적용 방안을 구체적으로 제시하고자 한다.

종교인 소득 과세가 성경적 원칙과 부합할 수 있음을 확인하였을 뿐만 아니라, 구체적인 실무 적용을 위한 지침을 제시하여 목회자의 소득세 계산과 신고에 큰 도움을 준 바 있다. 목회자의 경제적 노후 준비를 위하여 국민연금제도를 이해하도록 하고, 이를 가입하여 혜택을 누릴 수 있는 구체적인 방안을 제시하고자 한다.

노후를 위한 다양한 재정 준비가 있겠지만, 가장 우선적으로 시작하여야 하는 것으로 국민연금을 제안한다. 따라서 우선 국민연금에 가입한 후 여력이 있는 경우, 다른 투자 대안을 모색하는 것이 현명할 것이다. 물론 여기서 제시되는 대안은 개인적인 견해이며 모든 사람에게 항상 최선의 대안이 아닐 수도 있음에 유의하여야 할 것이다. 특히 인간적인 계획을 넘어서는 하나님의 공급하심에 의지하는 신실한 목회자에게는 작위적인 계획처럼 느껴질 수도 있다. 그러나 성경에서는 미래를 준비한 요셉의 지혜로운 계획을 볼 수 있으며, 망대를 세우는 데에도 계획이 필요함을 말씀하고 계심에 비추어 볼 때, 이러한 사회적 보장제도를 이용하는 것이 우리 믿음과 어긋나는 것은 아닌 것으로 생각한다.

우리 삶에는 여러 가지 목표가 있다. 신앙적 목표, 교육적 목표, 도덕적 목표 등이다. 그중에서 가정의 경제적 목표가 무엇인가를 결정하는 것이 재정계획의 첫걸음이다. 즉 돈을 벌 때, 어디에 목표를 두어야 하는가이다. 대다수 사람은 경제적 목표가 무엇보다 '돈을 많이 버는 것'이라고 생각한다. 그러나 가정 경제에서는 돈을 많이 버는 것보다 더 중요한 것이 있다. 그것은 안정성이다. 따라서 가정에서는 경제적 목표의 최우선 순위를 재정적 안정성에 두어야 한다. 많은 사람이 돈을 많이 벌면 재정적 안정성이 높아질 것으로 생각한다. 그러나 반드시 그렇지는 않다. 오히려 부자들은 일반 가정보다 재정적으로는 더 불안정한 상태에 있는 경우가 많다. 왜냐하면 계속해서 위험한 투자를 해야 할 뿐 아니라, 대규모 투자 하나가 실패하면 기업이 줄도산하여 기업과 가정이 무너지는 경우가 비일비재하기 때문이다. 돈을 많이 벌면 재산의 변동성이 높아지기 때문에 불안정성이 높아질 가능성이 더 커지는 것이 보통이다.

그러므로 경제적 의사결정을 할 때 돈을 많이 버는 방향으로 갈 것이 아니라, 불안정성을 최대한 줄이는 방안을 찾는 것이 중요하다. 따라서 가정 경제의 첫째 목표를 돈을 많이 벌기로 하기보다는 안정적인 재정 관리에 초점을 맞추고 재정계획을 수립하는 것이 중요하다.

가정 또는 개인의 재정적 안정성을 높이려면, 우리 일생 전체 주기에서 수입과 소비의 불균형이 발생하는 현상을 이해해야 한다. 중년 시기에는 소득이 소비보다 많아서 잉여 자금이 생기지만, 은퇴 후 노년에는 수입이 줄어들어 소득이 소비보다 낮게 되는 역전 현상이 일어나게 된다. 실제로 우리나라 통계청 자료를 보면, 27세 이전에는 버는 소득이 소비 금액보다 적어 적자인데, 20대 후반부터는 소득이 소비를 초과하여 흑자를 보이다가, 은퇴하는 시기인 61세부터 다시 적자로 돌아서는 것을 볼 수 있다.

노벨경제학상을 수상한 경제학자 프랑코 모디글리아니는 소득과 소비의 불일치 현상이 우리의 현재 소비에 영향을 미친다고 주장하였다. 즉 현재에 소득이 높아도 미래에 소득이 줄어들 것이 예상되면, 현재 소비를 줄여 미래를 대비한다는 것이다. 그는 현재 소비가 현재 소득뿐만 아니라 평생 소득에 달려 있다고 주장하는 가설을 제시하였는데, 이를 생애주기가설(Life-Cycle Hypothesis) 또는 평생소득가설이라고 부른다. 따라서 일생 전 주기를 바라보는 시각으로 재정계획을 수립할 필요가 있다. 여기서 핵심은 청·중년 시절의 잉여 현금을 노년 시절의 부족분을 보충하기 위하여 미래로 이전시키는 것이다. 이를 생애주기 재정계획(Life-Time Financial Planning)이라고 한다. 자신의 생애 전체의 소득과 소비의 흐름을 감안한 재정계획이 일생의 재정적 균형을 유지하는 데에 매우 중요한 것이다.

그러나 최근의 젊은 세대의 소비 풍조는 미래 소득을 감안하여 현재 소비를 결정한다는 위 평생소득가설과 다른 듯하다. 우리 세대는 허름한 중고차부터 시작하였다. 그런데 요즈음 젊은이들은 비싼 고급차부터 사기 시작하는 경우가 종종 눈에 뜨인다. 고급 리조트에 가면 어린아이를 동반한 젊은 부부들이 대부분이다. 그렇다고 상대적인 소득수준이 우리 세대보다 크게 높아진 것은 아니다. 이들을 YOLO(You Only Live Once)세대라고 한다. 세상에 하나뿐인 나를 잘 대접하고, 어차피 인생은 한 번뿐이니 지금을 멋지게 살자는 생각이다. 지금 번 돈을 지금 다 써 버리면 노후에는 어떤 돈으로 살아가나? 그래서 지금 연봉만으로 부족하니 부족분을 보충하기 위하여 각종 투기적 유혹에 휩쓸리는 경향이 나타나고 있다.

젊은 시절은 소비하는 때가 아니라 투자 및 저축하는 때이다. 돈도 지금 다 소비하는 것이 아니라 미래를 위하여 투자하고 저축하고 경력 관리와 학습을 통하여 미래에 투자하여야 한다. 그래야 밝은 미래가 있다. 이처럼 일생에 거쳐 재정적 균형을 유지하는 것이 돈을 많이 버는 것보다 더 중요하다. 그래서 생애주기 재정계획 측면에서 미래 노후 대비 전략을 세우는 것이 중요하다.

장기적인 투자안은 무엇이 있는가?

투자(投資, Investment)란 특정한 이득을 얻기 위하여 시간을 투입하거나, 자본을 제공하는 것을 말한다. 즉 투자는 미래의 이익을 기대하며 돈(때로는 시간과 같은 자원)을 할당하는 것이다. 투자하는 이유는 현재의 소비를 참고, 미래에 더 큰 소비를 하고자 하는 것이다. 그래서 투자를 현재 소비의 연기라고도 한다.

투자는 기간에 따라 단기 투자와 장기 투자가 있는데, 투자라고 하면 대개 수년간 투자를 유지하는 장기 투자를 말한다. 장기 투자는 투자금 투입에서 회수에까지 장기간이 소요되기 때문에 불확실성이 높고, 이에 따라 위험이 높으므로, 좋은 투자 대안을 찾는 것은 쉽지 않다. 그러므로 투자 대안들의 특성을 잘 파악하는 것이 중요하다.

장기적인 투자는 특정 자산에 장기간 투자하여 오랫동안 수익을 얻기 위한 전략을 의미한다. 장기적인 투자는 단기적인 변동성에 대한 영향을 최소화하고, 경제적 불확실성에 대비하는 것이다. 다음과 같이 여러 가지 장기적인 투자 대안이 있으며, 각기 독특한 특성이 있다.

① 저축: 은행 등 금융기관에 돈을 맡기면, 정해진 기간에 정해진 수익률의 이자를 지급하는 투자수단이다. 저축은 안정성과 환금성이 높은 안전한 투자이지만, 수익률이 낮다는 단점이 있다.
② 채권투자: 정부 또는 기업이 발행한 채권에 투자하는 것은 상대적으로 안정적인 수익을 제공할 수 있다. 채권은 정해진 기간에 정액의 이자와

원금을 받을 수 있지만, 신용도가 낮은 기업은 부도가 날 위험도 있다.
③ 주식투자: 기업의 주식을 매수하고 오랫동안 보유하는 것이 일반적인 장기 투자 전략이다. 기업에서 주기적으로 배당금을 받고, 성장에 따른 주가 상승이 이루어짐에 따라 이익을 얻을 수 있다. 주식은 변동성이 높고 기업별로 차이가 커서 위험성이 높고, 적절한 종목을 발견하기가 쉽지 않다는 어려운 점이 있다.
④ 부동산투자: 부동산은 안정적이고 장기적인 수익을 제공할 수 있는 투자 대안이다. 부동산은 적절한 장소를 선택하면 큰 이익을 얻을 수도 있지만, 환금성이 낮아 쉽게 사고팔기 어렵다는 데에 주의하여야 한다. 주택, 상업용 부동산 또는 부동산투자 신탁 등을 통해 다양한 형태로 투자할 수 있다.
⑤ 펀드투자: 펀드는 여러 투자자의 자금을 모아 전문 관리자가 운용하는 자산이다. 주식 펀드, 채권 펀드, 혼합 펀드, 부동산 펀드 등 다양한 유형의 펀드를 통해 투자할 수 있다. 전문가의 투자 도움을 받을 수도 있고, 다양한 주식과 채권 등에 분산 투자 하여 위험을 낮출 수 있다는 장점이 있으나, 이 역시 투자 위험이 존재한다.
⑥ 연금 계획: 개인의 장래에 대비하여 연금 계획을 수립하고 실행하는 것도 장기적인 투자의 한 형태이다. 연금 계획은 퇴직 후의 금융 안정성을 확보하기 위한 중요한 전략이다.
⑦ 포트폴리오 투자: 장기적인 투자에서 다양한 자산을 혼합하여 포트폴리오를 구성하여 투자할 수 있다. 주식, 채권, 부동산, 연금 및 기타 자산 클래스를 조합하여 투자 포트폴리오(Portfolio)를 만들어 위험을 분산시키는 것이다. 다만, 적절한 투자 조합을 만들기가 어렵다는 문제가 있다.

장기적인 투자는 시장의 변동성에 따른 위험을 줄이고, 오랜 기간의 경제적 성장을 고려하여 수익을 극대화하는 것을 목표로 한다. 하지만 투자는 항상 위험이 따르므로 신중한 계획과 지속적인 모니터링이 필요하다. 투자 결정을 내리기 전에 자세한 조사와 전문가의 조언을 참고하는 것이 좋다. 투자 대안을 고를 때 중요한 것은 투자 대안별로 위험도와 예상 평균 수익률이 비례한다는 것이다. 즉 위험도가 낮은 투자안은 예상 평균 수익률이 낮고, 위험도가 높은 투자안은 예상 평균 수익률이 높다.

투자에서 위험도는 수익률의 분산으로 측정한다. 정기예금은 3%로 수익률이 확정되어 있어서 만기가 되면 정확히 3%의 이자를 준다. 이는 수익률 위험이 0이기 때문에 위험이 거의 없으며, 이에 따라 투자 시에 예상되는 평균 수익률도 3%로 낮다. 그러나 주식은 오르면 100%도 오르고 내리면 -100%가 될 수도 있어서 이후에 실현되는 수익률의 변동 폭, 즉 위험이 매우 크다. 수익률의 분산이 크다는 것은 이익만이 아니라 손실을 얻을 가능성도 높아지는 것을 의미한다. 따라서 투자에서는 수익률의 변동으로 위험을 측정한다. 그런데 위험이 큰 주식투자의 전체적인 평균 수익률은 정기예금의 3%보다 높은 것이 일반적이다.

위 투자 대안들을 비교하여 보면, 대체로 '정기예금 - 채권투자 - 주식투자 - 부동산투자' 순으로 위험이 커지고, 이에 따라 평균적인 예상 수익률도 높게 기대할 수 있다. 여기서 평균적인 예상 수익률이라는 것은 사후에 실현되는 확정 수익률과는 다르다. 투자 대안별 전체의 예상되는 평균 수익률이지, 내가 투자한 특정한 투자의 확정 수익률이 아니다.

첫 번째 투자안인 정기예금은 수익률이 거의 고정되어 있어 위험이 낮은데, 예상 수익률도 낮다. 반면에 네 번째 투자안인 부동산투자는 잘만 하면 수익률이 매우 높을 수 있으나 잘못하면 크게 하락하기 때문에 변동성이 높아 위험이 가장 높은 투자로 여겨진다. 그러나 이러한 위험도가 높은 투자안들의 전체 평균은 왼쪽 안전한 투자안들보다 높게 나타나는 경향이 있다. 위험도가 높은 투자인 주식투자를 보면, 모든 주식이 높은 수익률을 실현하는 것은 아니고, 일부 주식은 높이 상승하지만, 일부 주식은 마이너스가 될 수 있으니 특별히 주의하여야 한다.

예를 들어, 주식투자를 할 때는 -100% 깡통 차는 주식이 아니라, +100% 오르는 대박 주식을 골라야 한다. 그런데 그게 어렵다. 확정적인 미래는 없기 때문이다. 따라서 투자 대안을 고를 때 그 투자의 위험도를 먼저 생각하고, 이를 예상 수익률과 비교하여 보고, 내 부담 능력과 재정적 여유를 감안하여 결정하는 것이 중요하다.

투자에서 가장 중요한 원리가 'High Risk, High Return(고위험, 고수익)'이다. 위험과 수익은 비례함을 명심하여야 한다. '저위험 고수익'이라고 접근하여 오는 투자 대안은 사기일 가능성이 크다. 여기에 넘어가지 않도록 주의하여야 한다.

연금제도는 노후에 대비하여 일정한 기간 자금을 모아 적립한 후, 퇴직 또는 노후에 정기적인 소득을 지원하는 제도로서 노후 준비를 위한 가장 대표적인 투자 방식이다. 각 국가나 지역마다 연금제도가 다르지만, 일반적으로 다양한 형태로 나뉠 수 있다.

공적 사회 연금이란 일반적으로 정부가 관리하며, 정부가 지급을 보증하는데 국가마다 다양한 연금제도가 있다. 기업연금은 기업이 직원들을 대상으로 제공하는 연금제도로, 근로자와 기업이 협력하여 연금을 적립한다. 확정급여형(DB형)과 확정기여형(DC형)이 있다. 연금저축은 개인이 자신의 퇴직에 대비하여 개설하는 연금계좌로, 근로자가 정기적으로 금융기관에 자금을 예금하거나 투자하여 노후에 사용할 자금을 모으는 제도이다. 연금보험은 보험회사와 계약을 통해 퇴직 시 정기적인 연금을 받을 수 있는 형태이다. 개인은퇴연금계좌(IRP)는 공적 연금제도의 부족분을 보충하여 개인이 스스로 노후 자금을 준비하는 연금저축과 연금보험을 지원하기 위해 세제 혜택을 부여한 제도이다. 공무원연금은 정부나 공공기관에서 근무하는 공무원들을 위한 연금제도로, 퇴직 시에 정기적인 연금을 받을 수 있다. 비슷한 제도가 사립학교교직원연금, 군인연금이 있다. 자율연금은 기업이나 단체가 독자적으로 운영하는 연금제도로, 일반적으로 노후를 대비하여 특정 자금을 적립하고 정기적인 연금을 지급한다. 일부 교단의 은급제도가 여기에 해당한다. 기초연금은 만 65세 이상이고 대한민국 국적을 가지고 국내에 거주하는 사람 중 가구의 소득인정액이 선정기준액 이하인 저소득자에게 주는 정부보조금이다. 이러한 연금제도는 국가 및 기업의 특성, 법적 규제 등에 따라 다양한 형태를 가지고 있으며, 퇴직 후의 금융 안정성을 확보하기 위해 여러 제도를 조합하여 활용하는 것이 일반적이다.

노후를 위해 3중 연금 체계를 갖추어야 한다

노후를 대비하기 위한 다양한 투자 대안이 있는데, 이 중 안정성이 있고, 개인이 신경을 많이 쓰지 않아도 되며 수익성도 웬만하여 무난한 투자 대안이 연금이다. 연금 중에서도 가장 먼저 시작하여야 하는 것이 국가 연금 또는 공공연금제도이다. 일반적인 연금, 저축, 투자 등의 수익과 혜택은 납부한 금액에 비례하지만, 국가 공공연금제도는 가입 기간과 횟수가 중요하고 저소득자에게는 높은 수익률을 제공하는 것이 특징이다.

따라서 노후 준비를 위한 투자 순서를 열거하여 보면, 첫째, 교단 등에서 제공하는 은급보험을 유지하도록 한다. 둘째, 국가 연금인 국민연금을 우선 가입한다. 셋째, 여유가 있다면 다른 연금제도 또는 추가적인 투자 대안을 찾는다.

가장 먼저 국가 연금을 가입하는 것이 시작이고, 기초적 투자라고 할 수 있다. 이러한 제안은 아래 그림과 같이 세계은행이 제시한 3층 연금체계와 유사하다. 세계은행에서는 노후소득 보장체계의 안정성을 도모하기 위해서는 공적연금과 사적연금을 결합하여 유지하여야 함을 말하고 있다. 여기서 공적연금은 기본적인 노후생활을 위한 국가보장제도이며, 퇴직연금은 안정적인 노후생활을 위한 기업보조제도, 개인연금은 좀 더 여유가 있는 노후생활을 위한 개인의 준비제도이다. 이는 국가 제도적 측면이라서 국가보장을 기초로 하고 있다.

다양한 사회적 위험으로부터 모든 국민을 보호하여 빈곤을 해소하고 국민 생활의 질을 향상되게 하기 위해 국가는 제도적 장치를 마련하였는데, 이것이 바로 사회보장제도이다. 우리나라에서 시행되고 있는 대표적인 사회보장제도는 국민연금, 건강보험, 산재보험, 고용보험, 노인장기요양보험 등과 같은 사회보험제도, 기초생활보장과 의료보장을 주목적으로 하는 공공부조제도인 국민기초생활보장제도 그리고 노인·부녀자·아동·장애인 등을 대상으로 제공되는 다양한 사회복지서비스 등이 있다.

이처럼 다양한 사회보장제도 중에서 국민연금은 보험원리에 따라 운영되는 대표적인 사회보험제도라고 할 수 있다. 즉, 가입자, 사용자로부터 정률의 보험료를 받고, 이를 재원으로 하여, 사회적 위험에 노출되어 소득이 중단되거나 상실될 가능성이 있는 사람들이 다양한 급여를 받을 수 있도록 도와주는 제도이다.

국민연금제도를 통해 제공되는 급여에는 노령으로 인한 근로소득 상실을 보전하기 위한 노령연금, 주소득자의 사망에 따른 소득 상실을 보전하기 위한 유족연금, 질병 또는 사고로 인한 장기 근로 능력 상실에 따른 소득 상실을 보전하기 위한 장애연금 등이 있으며, 이러한 급여를 지급함으로써 국민의 생활 안정과 복지 증진을 도모하고자 하는 것이다.

국민연금 가입하면 어떤 혜택을 받나?

국민연금의 가입에 대하여는 우선 관련된 사업장과 가입자가 무엇인지 이해하는 것이 필요하다. 사업장은 「국민연금법」에 따라 국민연금에 의무적으로 가입되는 사업장, 즉 당연적용사업장을 말한다. 즉 기업, 기관, 단체 등 종업원을 고용한 조직으로 1인 이상의 근로자를 사용하는 사업장은 모두 당연적용사업장이 된다. 국민연금 가입자는 가입 종별에 따라 사업장가입자, 지역가입자, 임의가입자, 임의계속가입자로 구분하고 있다. 가입자에는 사업장가입자, 지역가입자, 임의가입자, 임의계속가입자가 있다.

위 가입자 종류를 볼 때, 교역자나 선교사는 교회 등 고용기관에서 가입을 허락하면 사업장가입자가 되며, 허락이 어려우면 지역가입자가 될 수 있다. 사업장가입자가 되면 고용기관에서 국민연금 일부를 부담하여 주는 이점이 있는데, 해당 소득세를 납부하여야 한다. 한 사람이 가입하여도 소득이 없는 배우자의 경우에는 임의가입자로 가입할 수 있다.

받을 수 있는 연금 급여의 종류

국민연금을 들고 나이가 들거나 장애 또는 사망으로 인해 소득이 감소하면, 일정한 급여를 지급한다. 이때 소득을 보장하는 사회보험으로서 받게 되는 급여를 연금급여라고 한다. 연금급여의 종류는 정기적으로 지급하는 노령연금(분할연금), 장애연금, 유족연금과 일시금으로 지급하는 반환일시금, 사망일시금이 있다. 대표적인 노령연금의 경우, 가입 기간이 10년 이상이고 출생 연도별 지급개시연령(61~65세 출생 연도에 따라 다름)이 된 때에 기본연금액과 부양가족 연금액을 합산하여 평생 지급하는 연금이다.

납부할 보험료 금액

가입자가 납부하여야 하는 보험료는 자격취득 시의 신고 또는 정기 결정에 따라 결정되는 기준소득월액에 보험료율을 곱하여 산정한다. 연금보험료는 가입자의 기준소득월액에 연금보험료율을 곱하여 산정한다. 기준소득월액이란 국민연금의 보험료 및 급여 산정을 위하여 가입자가 신고한 소득월액에서 천 원 미만을 절사한 금액을 말하며, 최저 39만 원에서 최고 617만 원까지의 범위로 결정하게 된다. 따라서 신고한 소득월액이 39만 원보다 적으면 39만 원을 기준소득월액으로 하고, 617만 원보다 많으면 617만 원을 기준소득월액으로 한다.

사업장가입자의 경우 보험료율인 소득의 9%에 해당하는 금액을 본인과 사업장의 사용자가 각각 절반, 즉 4.5%씩 부담하여 매월 사용자가 납부하여야 한다. 지역가입자/임의/임의계속가입자는 소득의 9%의 보험료를 본인이 전액 부담한다. 농어업인의 경우 일정한 조건에 해당하면 보험료 일부를 국고에서 지원받을 수 있다.

받을 수 있는 연금액

소득이 높지 않은 교역자가 지역가입자로 가입하면 납부할 보험료가 대개 월 9만 원부터 시작하게 된다. 매월 납부액은 소득 수준별로 달라지며, 노령연금액은 가입 기간에 따라, 그리고 물가 변동을 감안하여 매년 달라진다.

전문가들은 국민연금 가입 시 가급적 부부가 동시에 가입하는 것이 유리하다고 권유하고 있다. 예를 들어, 월 9만 원을 부부 둘이 불입하면 받는 연금이, 월 45만 원을 한 사람이 불입하는 것과 유사한 금액이다. 1인 고액보다는 2인 저액으로 가입함이 유리함을 알 수 있다. 이것이 국민연금의 소득재분배 효과이다. 부부가 각자 소득이 있으면 사업장가입자 또는 지역가입자가 되고, 배우자는 소득이 없다면 임의가입자로 가입할 수 있다.

또한 가입 기간이 길수록 유리한데, 이전에 국민연금에 가입한 적이 있는 사람은 받았던 일시 퇴직금을 반환하거나, 중간에 공백이 있어 미납한 기간에 대한 보험료를 추납하여 가입 기간을 늘이는 방법도 고려할 수 있다. 국민연금공단에는 '노후준비서비스'가 있다. 여기의 도움을 받는 것도 좋다.

다른 노후 생활자금 마련 수단은 무엇이 있나?

주택연금이란 것도 있다. 노후에 생활자금을 마련하는 방법 중 연금제도와 유사한 것으로 주택연금 또는 농지연금제도가 있다. 이 제도들은 주택 또는 농지를 담보로 분할 대출을 받는 것이기는 하나, 주택 또는 농지의 가치에 무관하게 사망 시까지 지급한다는 데에 차이가 있다. 다른 방법은 재취업하거나, 정부의 노인 일자리 사업에 참여하여 추가적인 소득을 마련할 수도 있고, 자녀들로부터 보조를 받는 방법도 있다.

주택연금은 만 55세 이상인 부부 중 한 사람만 신청할 수 있다. 대상 주택은 공시가격 12억 원 이하의 주택을 담보로 본인과 배우자 사망 시까지 일종의 대출금을 지급한다. 사망 후 주택을 경매하여 일시 상환하는데, 대출금을 상환하고 남은 금액은 상속인에게 지급하며, 부족한 경우에는 부족금을 청구하지 않는다.

주택 가격과 청구 시 나이를 감안하여 월별 대출금 수령액이 결정된다. 여기서 주택 가격은 공시가격이 아니라 신청 당시 시가 또는 감정평가액으로 결정되기 때문에 집값이 상승하였을 때 신청하는 것이 유리하다.

기초연금, 노인일자리사업도 알아보자

기초연금은 정확히 말하면 연금이라기보다는 저소득층 노인께 드리는 정부보조금이다. 국민연금 등 모든 연금은 본인이 연금보험료를 납입하여야 이에 대응하여 연금을 받을 수 있다. 그러나 기초연금은 연금보험료를 납부하지 않아도 받을 수 있다. 기초연금은 국민연금과 무관하게 보건복지부에서 생활이 어려운 노인 가정에 지급하는 정부보조금이다.

기초연금을 받을 수 있는 사람은 만 65세 이상이고 대한민국 국적으로 국내에 거주하며, 가구의 소득인정액이 선정기준액(2023년도는 부부가구는 월 340만 원) 이하인 가정이다. 2023년도의 경우, 월 30만 원 정도 지급하고 있는데, 향후 40만 원까지 증액한다는 것이 정부의 방침이다.

또 다른 복지제도로 노인일자리사업이 있는데, 이는 정부가 일하고 싶은 어르신께 맞춤형일자리를 제공하는 사업으로, 소득 보충은 물론 활발한 사회참여를 통해 건강하고 보람 있는 노후생활을 지원하는 노인복지제도이다. 대개 지역에 거주하는 60세 이상의 어르신들이 참여할 수 있는데, 월 27만 원에서 60만 원까지 받을 수 있으며, 일을 통하여 삶의 활력을 높일 수 있다.

선교사는 그 나라의 연금제도도 살펴보자

선교사 중에 현지 국적을 취득한 분은 해당 국가의 연금제도에 가입할 수 있는데, 각국의 연금제도를 참조하려면 연금공단의 '세계의 연금제도'에 관한 내용을 참고하여 가입 여부를 결정할 수 있다.

묵상하기

국내외에서 사역하는 선교사, 중소 교회에서 사역하는 목회자, 또는 기타 분야에서 소득이 낮은 분들의 노후 준비를 위하여 기초적인 연금 혜택을 누리는 방안을 모색하고자 하였다. 본 논문에서는 목회자의 경제적 노후 준비를 위하여 국가의 공적 연금제도인 국민연금을 이해하도록 하고, 이를 가입하여 혜택을 누릴 수 있는 구체적인 방안을 제시하였다. 이와 함께 기업이 보조하는 퇴직연금, 개인이 준비하는 개인연금을 비교하여 제시하였다. 아울러 기초연금, 주택연금 등도 설명하였다. 그러나 가장 우선적으로 가입하여야 하는 노후준비제도가 소득재분배 효과를 가지고 있는 국민연금임을 제안하고, 이를 활용할 수 있는 구체적인 실무 지침을 제공하였다.

의인과 악인을 비교하면서 "여호와께서 사람의 걸음을 정하시고 그 길을 기뻐하시나니 저는 넘어지나 아주 엎드러지지 아니함은 여호와께서 손으로 붙드심이로다 내가 어려서부터 늙기까지 의인이 버림을 당하거나 그 자손이 걸식함을 보지 못하였도다"(시편 37:23-25)라고 하였다. 하나님께서는 공급하심을 약속하신 바 있다. 사역자는 재정 관리보다는 사역에 집중하는 것이 합당하지만, 최소한의 준비를 위하여 사회제도를 활용하는 것은 합리적이라는 생각이 든다.

교회와 선교단체도 사회의 일원이기 때문에 사회적 제도를 이해하고 이를 적절하게 활용한다면, 하나님의 사역이 더욱 활성화될 수 있다고 믿는다. 이를 위하여 교계 각 기관이 수행할 역할을 생각할 수 있다.

우선 교회는 파송한 선교사와 부교역자, 개척교회 등 경제적으로 어려움이 있는 사역자에게 제도적인 도움을 줄 수 있도록 준비하는 것이 필요하다. 교단과 노회는 선교사들의 노후 준비를 도울 수 있는 제도적 장치를 마련하여 대형 교회와 재단 등의 후원을 받아 안심하고 사역에 집중할 수 있도록 하여야 한다. 교회는 선교사, 사역자들의 노후 대비를 위하여 세무신고, 4대 보험 가입 등 제도적 지원을 하여야 한다. 마지막으로 사역자는 가장으로서 가정과 미래 삶을 위하여 최소한의 준비를 하는 것이 필요하다.

여기서는 경제적 지식이 많지 않은 사역자의 재정계획에 도움을 주고자 작성되었다. 아무쪼록 소득이 높지 않은 목회자와 선교사의 노후 준비와 사역의 활력을 위하여 작은 기여를 하였으면 하는 바람이다.

성경에 나타난
예수 그리스도의 **목회 리더십**

두 사람 이상이 모여서 공동의 목표를 달성하고자 하는 모든 조직에서 리더십이 중요한 기능을 수행하고 있다는 경험적 연구가 입증되면서 리더십에 대한 중요성이 높이 평가되고 있다. 공조직과 사조직의 차이점을 환경적 요인, 조직-환경 상호작용, 내부 구조와 과정이라는 세 가지 범주로 나누어 교회 조직과 같은 사조직의 특징을 설명할 수 있다.

특별히 교회 조직은 일반 조직체와 다른 특수한 속성들을 가지고 있는데, 교회는 단순히 하나의 조직이나 또는 기관이 아니라 유기체로서, 하나의 공동체이고, 예수 그리스도 안에서 상호 관계를 지닌 하나님의 백성이다. 이는 하나님의 백성으로서의 공동체를 의미하는데 구약에서는 하나님이 선택한 공동체로서, 신약에서는 예수 그리스도의 몸으로서의 교회의 개념을 가지고 있다. 유기체라고 하는 것은 독립적이면서도 동시에 상호 종속적인 여러 요소들이 기능적인 면에서 서로 밀접한 관계를 가지고 형성되어 있는 것을 말한다. 이러한 의미에서 교회를 예수 그리스도의 몸이라고 하며, 각 요소들이 독립적인 기능을 가지면서 동시에 상호 종속적인 관계를 가지고 있는, 하나의 몸으로서의 총체적인 기능을 수행하게 된다는 것이다.

이처럼 교회 조직은 주와 구세주로서 예수 그리스도 안에서 모든 진실한 성도들의 총체인 것이다. 즉 교회는 예수 그리스도와 연합된 선택받은 백성들의 유기체로서 가시화할 수 없는 내적이며 영적인 공동체이다. 하지만 때로는 형식을 갖추고 의식을 행하는 믿는 자들의, 한 사회로서의 정치 체제와 행정 원리를 가지고 조직되고 운영되는, 조직체로서의 공동체의 면모를 동시에 소유하고 있다.

이러한 교회 조직은 끊임없이 리더를 세우며, 계속해서 또 다른 교회를 이 땅에 세워 가야 한다. 교회의 본질적 사명인 예배와 봉사, 친교와 교육 그리고 선교 등을 성실히 수행하여 예수 그리스도의 몸을 온전케 하여야 한다. 그러므로 이러한 교회의 목표를 보다 효과적으로 성취하기 위해 오늘날 교회의 조직구조에서 핵심적인 위치를 차지하고 있는 최고 리더로서 담임목사는 교회 구성원들의 상호작용과 협력을 최대한도로 발휘할 수 있도록 하는 효과적인 목회 리더십을 개발하고 적용해야 한다.

오늘날 급변하고 있는 교회 환경의 시대적 상황과 침체 현상이 심화되고 있는 교회의 현실적 과제들을 고려할 때, 성경적 근거를 토대로 변혁적 목회 리더십을 통한 새로운 목회 리더십 패러다임의 제시는 한국 교회의 시대적 요청과 필요에 부응할 수 있는 시도라고 말할 수 있다. 마치 예수 그리스도께서 사회를 변화시키고 갱신시키기 위해서 이 땅에 오신 것처럼 교회도 자체의 조직을 변화시키고 갱신시키는 일에서부터 교회의 사명을 시작해야 할 것이다. 그래서 기독교의 독특한 목회 리더십의 본질을 잃지 않으면서도 급변하고 있는 오늘날과 미래의 시대적 상황에 적합한 목회 리더십을 개발하고 발휘하여, 세상 사람들을 보다 효율적으로 예수 그리스도 앞으로 인도하고 그리고 하나님의 부르심을 받은 백성들을 하나님께서 목적하신 대로 인도해야만 한다.

따라서 여기서는 오늘날의 시대적 패러다임에 맞게 교회의 문제점들을 논하고 적합한 영양을 공급하여 교회를 갱신하기 위한 목회자의 변혁적 목회 리더십에 대해 알아보고자 한다.

성경적 리더십

일반적인 조직에서의 리더십은 리더와 조직 구성원들 그리고 상황을 고려하여, 목표를 향해 나아가는 과정 가운데 조직 내에서 발생되는 것이다. 교회 조직에서의 리더십도 하나의 조직으로서 리더인 목회자와 조직 구성원들인 성도들 그리고 주어진 상황과 목표를 가진다는 측면에서 구조적인 유사성을 지니고 있다.

그런데 기독교 사역의 모든 원칙들은 반드시 성경에 기초를 두어야 한다. 목회자가 목회 활동으로 행하는 설교와 성례전, 심방과 상담 그리고 교육과 훈련 등 전반적으로 교회를 관리하고 운영하는 모든 목회 활동을 하는 데 발휘하는 목회 리더십도 마찬가지로 반드시 성경에 그 기초를 두어야 한다. 이처럼 성경적 리더십은 그 영향력의 기초가 하나님이어야 한다는 점에서 일반적인 사회과학적 리더십과 구별된다. 일반적 리더십은 그 조직의 공통된 목적과 목표를 향해서 나아가는 것과 조직 구성원들에게 동기를 부여하는 것에 영향력을 발휘하지만, 성경적 리더십은 그 초점이 오직 하나님의 목적과 목표를 이루어 나아가도록 하는 것에 맞추어지며 교회 구성원들인 성도들의 삶이 하나님 중심이 되도록 발휘되어야만 한다는 것이다. 성경은 하나님이 행하신 위대한 사역의 이야기일 뿐만이 아니라 하나님이 택하신 지도자들의 이야기이기도 하다. 즉 성경은 구원의 설계도일 뿐만이 아니라 리더십을 위한 핸드북인 것이다. 그러므로 목회 리더가 되기를 원하는 자는 반드시 성경으로 돌아가서 성경이 가르치는 리더십의 원리를 배워야 한다.

그래서 지도의 은사는 미래에 대한 하나님의 목적에 맞도록 목표를 설정하기 위하여 하나님께서 어떤 그리스도의 지체에게 주신 특별한 능력이다. 또한 하나님의 영광을 위하여 하나님의 목표를 성취하기 위해, 자발적으로 다른 사람들과 하나님의 목표를 서로 나누도록 하기 위하여, 하나님께서 교회의 특정한 사람에게 주신 특별한 능력이라고 하였다. 즉 교회의 미래에 대한 하나님의 목적에 맞추어 목표를 설정하고 이 목표를 완성시키기 위해 교인들로 하여금 기여하도록 하는 것이 지도력이라고 정의하였다.

또한 기독교 공동체의 지도자들은 하나님의 사랑에 깊이 뿌리를 두고서 자신이 누구인지를 발견해야 하며, 영향력이 있는 리더십을 행하고자 한다면 성육신하신 예수 그리스도와의 영속적이고 친밀한 관계에 뿌리를 두고 있어야만 한다. 바로 거기에서 그들의 말과 충고와 지침들의 원천을 찾아야 할 것이다. 영적 지도력이란 그리스도인 기관이나 교회를 구성하는 개인과 전체 인원이 그들의 필요를 성경에 입각하여 설정하고 성취할 수 있도록 그들과의 관계를 발전시키는 것이다. 이를 다른 말로 "영적 지도자들은 영적 영향력을 발휘하여 다른 사람들에게 동기를 부여하고, 목표를 달성할 수 있도록 도움을 주는 일을 한다."라고 한다. 이처럼 목회자는 성도들에게 동기와 능력과 비전을 부여하여야 하고 올바른 방향으로 나아가도록 지도해야 한다.

또한 성경적 지도력이란 하나님의 영광을 위하여 한 개인이나 그룹에게 영향을 주어 필요를 충족시키고 그 목표를 성취케 하는 능력이요, 일을 수행하는 능력이며, 더불어 일하는 융화력이요, 목표를 성취하는 추진력이다. 그러므로 목회자는 하나님과 예수 그리스도를 영광되게 하여야 하고, 그의 백성들에게 주신 목적을 성취할 수 있도록 소명감을 가지고 사람들을 섬기는 일에 자신이 받은 영적인 은사들을 활용해야 한다.

성경적 목회 리더십의 가장 큰 특징은 모든 목회 리더십의 평가의 기준이 하나님과 예수 그리스도와 성경에 있다는 점이다. 결국 성경적 리더십은 본질적으로 기독교의 경전인 성경에서 나타난 리더들이 발휘한 리더십을 통해 살펴볼 수 있으며, 이러한 리더십의 원리들은 오늘날 교회 조직의 리더인 목회자들의 목회 리더십의 원리라고 할 수 있다.

성경에는 탁월한 리더십을 발휘한 리더들에 대하여 많은 기록을 남기고 있다. 이들은 비록 시간적으로 많은 차이가 있고, 처한 환경이나 생활양식 등이 달랐지만 공통된 특징이 있다. 바로 하나님과 언약의 백성들의 관계를 발전 지향적인 방향으로 나아가는 데 노력하고, 복음을 증거하는 데 열심을 내었던 인물들이었다. 구약의 리더는 하나님의 종이면서 동시에 백성들의 리더였고, 이것은 신약에까지 계승되어 주님이신 예수 그리스도께서 오심으로써 완성되었다. 이처럼 종이면서 리더인 상반된 개념은 서로 대립하거나 긴장하지 않으면서 서로 조화되고 융화되어 있다.

이들은 이스라엘 국가와 언약의 백성들을 이끌어 가는 지도자로서 하나님의 뜻을 이루어 가는 충성된 리더들이었다. 신약에서 리더는 지배와 복종의 관계보다는, '예수 그리스도를 몸의 머리로 하여 지체들이 연결되어 있는 관계로서의 종'과 '청지기와 목자의 리더십이라는 개념을 중심으로 한 목회 리더십'이 제시되어 있다.

따라서 이 글에서 성경적 목회 리더십의 완전한 모형이 되시는 예수 그리스도의 목회 리더십과 변혁적 목회 리더십의 구성 요인인 이상적 영향력, 영감적 동기부여, 지적 자극, 개별적 배려의 요인들을 제시해 보고자 한다.

예수 그리스도의 목회 리더십

예수의 의미는 '그가 자기 백성을 그들의 죄에서 구원할 자이심'이라는 뜻이며 그리스도는 '기름부음을 받은 자'라는 의미의 히브리어 '메시아'에 해당되는 말이다. 예수 그리스도는 하늘과 땅의 모든 권세를 가지신 분이지만 왕으로서 군림하지 않으시고 가장 낮은 자리에서 성경적 리더십의 완전한 모형을 친히 보여 주었다. 예수 그리스도 안에 지혜와 지식의 모든 보화가 감추어져 있으므로, 예수 그리스도의 본을 따라 목회 리더십을 발휘하는 것이야말로 성경적 목회 리더십의 완전한 모형으로서 하나님 나라의 백성들을 감동·감화시킬 수 있을 뿐만이 아니라, 그들로 하여금 주님의 지상명령을 자발적으로 수행케 할 수 있을 것이다.

성경적 리더십의 개념이 되는 예수 그리스도의 목회 리더십을 분석하여 보면 리더십의 동기는 언제나 십자가를 통한 사랑에 그 뿌리를 두고 있으며, 리더십을 발휘하는 통로와 방법은 항상 봉사와 섬김으로 나타나고, 모든 리더십 행사의 목적은 구속을 이루어서 하나님의 나라를 이 땅에 실현하는 것이라고 할 수 있다.

복음서에 나타난 지도자로서의 예수님의 리더십을 다음과 같이 다섯 가지로 제시해 보았다. 첫째, 주님의 능력은 봉사와 겸손의 본을 보여 주셨다. 둘째, 주님의 탁월한 지도력은 그의 사랑에 있는 것이다. 셋째, 주님의 탁월한 지도력은 그의 고난당하심으로도 나타나고 있다. 넷째, 주님의 탁월한 지도력은 그의 가르침에서 나타난다. 다섯째,

주님의 지도의 목표는 사람들을 죄로부터 해방시키는 구속에 있었다. 예수님의 리더십은 제자들 개개인에게 초점을 맞춘 리더십이었고, 성서에 근거를 둔 리더십이었으며, 그 자신에게 초점을 맞춘 리더십이었고, 분명한 비전과 목적이 있었다. 그리고 예수 그리스도의 리더십 특징으로 예수님의 리더십은 개인과 택한 백성을 향한 긍휼하심에 있으며, 섬김의 리더십이고, 겸손이었다.

 예수님의 영적 리더십의 목적은 세상을 구하기 위함이며, 성도를 온전케 하기 위함이고, 교회를 성장시키기 위함이다. 그리고 예수님의 영적 리더십이란 사망의 길을 벗어나 생명의 길로 안내하는 리더십이요, 예수님 자신을 진리라고 언급한 데 기인하여 진리로 인도하는 리더십이며, 예수님 자신을 생명이라고 언급한 데 기인하여 생명을 구원하는 것이 영적 리더십이다.

 예수님께서 교훈하신 영적인 리더십을 다음과 같이 네 가지로 기술하였다. 첫째, 예수 그리스도의 리더십은 개개인의 삶 속에서 리더십을 심어 주기 위해 초점이 맞추어져 있다. 둘째, 예수 그리스도의 리더십은 오직 하나님의 말씀에 초점을 맞추고 있다. 셋째, 예수 그리스도의 리더십은 바로 자신을 알리시는 데 있었다. 넷째, 예수 그리스도의 리더십은 전 인류를 죄에서 구원시키려는 데 초점이 맞추어져 있었다.

 복음서에 나타난 예수 그리스도의 삶의 다양한 모습들을 분석하여 보면 크게 세 가지 유형의 리더십 모형을 제시할 수 있는데, 마가복음에서는 섬기는 종의 리더십, 즉 서번트 리더십, 누가복음에서는 청지기 리더십, 즉 스튜어드 리더십, 요한복음에서는 목자의 리더십, 즉 세퍼드 리더십을 제시할 수 있다.

서번트 리더십

　마가복음에 따르면 인자가 온 것은 섬김을 받으려 함이 아니라 도리어 섬기려 하고 자기 목숨을 많은 사람의 대속물로 주려 함이라고 언급하고 있다. 예수 그리스도께서 이 땅에 오신 것은 섬김을 받기 위해 온 것이 아니라 '섬기기 위해 오셨음을 밝힘으로써 그를 따르는 사람들도 섬겨야 한다는 당위성을 제시하고 있는 것이다. 예수님은 제자들의 발을 손수 씻기시므로 섬기는 종의 리더십을 몸소 보여 주시며 섬김의 삶을 사셨다.

　종이 리더가 된다는 것은 세속적인 의미에서 볼 때에 매우 역설적이지만, 여기서 종의 개념은 하나님의 종이라는 개념으로서 성경 전체를 통해서 자주 등장하는 개념이다. 종으로서의 리더는 절대적 권위를 지니신 하나님의 뜻에 순종하되 억지가 아니라 자발적으로 순종하는 자로서, 종인 자기 마음대로가 아니라 오로지 하나님의 절대 주권에 따라 하나님의 뜻대로 움직이는 리더를 의미한다. 그러므로 구약성경의 선지서에서 종은 이스라엘과 메시아를 지칭할 때 사용되었는데, 특별히 종의 개념이 이스라엘에 사용될 때에는 단순한 복종의 의미가 아니었으며 이는 하나님의 특별한 선택과 사명을 의미하였다. 이사야는 종의 성품을 하나님의 뜻을 준행하며 또한 진리로 공의를 베푸는 자로서, 하나님께 전적으로 의지하여 인정받고 성령으로 충만하여 하나님의 겸손과 사랑을 가지고 하나님께 소망을 두는 자라고 정의하였다.

신약 전체를 통해서 볼 때에 종의 개념은 첫째, 관계성의 개념. 둘째, 절대적인 복종의 개념. 셋째, 겸손의 개념. 넷째, 자기부정의 개념이라는 네 가지 특징을 가지고 있다고 하였다. 예수 그리스도는 지도자란 말보다는 섬기는 자로서의 종으로 언급되기를 더 좋아했다. 그 당시 종이라는 단어는 매우 천한 의미를 내포하고 있었으나 예수 그리스도는 이 단어의 가치를 높이었고, 이 말을 위대하게 여기었다. 그리고 하나님 나라의 큰 자나 첫째가 되기 원하는 자들에게 먼저 섬기는 자인 종이 되라고 요구하였다. 이러한 예수 그리스도의 가르침은 당시의 사람들을 깜짝 놀라게 했으며 변혁적이었다.

예수 그리스도 리더십의 핵심적인 중심 개념은 그가 섬김을 받으러 오신 것이 아니고 도리어 섬기러 오신 것에 있다. 오늘날 교회와 사회에서 진실로 필요한 리더는 예수 그리스도처럼 먼저 겸손히 섬기며 하나님의 말씀과 뜻에 순종하는 자이다. 이러한 리더가 오늘날 이 시대의 진정한 리더가 될 수 있다는 것이다.

오늘날 목사이든지 평신도이든지 모든 그리스도인들은 하나님으로부터 종으로 부르심을 받았다. 따라서 먼저 하나님을 섬기고, 그다음으로 하나님의 백성을 섬길 줄 아는 자가 오늘날 진정한 성경적 목회 리더이자 종임을 깨닫고 이를 목회 현장에서 실천해야 할 것이다. 그러므로 예수 그리스도의 첫 번째 목회 리더십의 모형은 섬김, 즉 서번트 리더십(Servant Leadership)이다.

스튜어드 리더십

오늘날 모든 목회 리더들은 성령의 은사에 따라 복음의 전파 및 선교적 과업을 위해, 하나님으로부터 감당할 사역과 그 사역을 위해 은사를 부여받은 청지기로서 이를 지키고 실천할 수 있어야 한다. 누가복음에서는 청지기의 리더십을 제시하고 있다. 청지기는 집안일을 관리하는 사람이다. 청지기의 개념은 헬라어 오이코노모스에서 왔다. 구약의 아브라함의 종 엘리에셀이나 보디발의 청지기 요셉 그리고 모세에게서도 나타나지만, 신약의 예수 그리스도에 이르러 더욱 구체적으로 나타난다.

청지기에게 부여된 중요한 과제는 자신에게 맡겨진 임무를 잘 수행할 수 있게끔 진실과 지혜로써 최선의 노력을 다해 생활을 절제 있게 꾸려 나가는 것이다. 그러므로 청지기에게 요구되는 것은 무엇보다도 충성과 지혜이다. 그런데 영적 리더는 선교적 사명을 감당해야만 한다. 많은 직무들을 하나님께로부터 위임받고 있으므로, 교회의 본 주인이 되시는 하나님으로부터 위임받은 청지기로서의 맡은 바 본분과 역할을 올바로 이해하고 수행해야만 한다.

조직 관리의 차원에서 영적 리더인 선한 청지기는 감당할 사역을 위한 각종의 은사를 부여받은 자로서 자신에게 맡겨진 사역을 지키고 실천할 수 있어야 한다. 또한 자신의 직분을 이미 주어진 하나님의 은혜로 받아들이고, 주인으로부터 특별한 사명을 부여받은 자로 여기며, 주어진 업무를 잘 관리하고 많은 열매를 남기도록 해야 한다.

영적 리더인 선한 청지기는 궁극적으로 맡겨진 복음의 진리와 사도적 신앙을 지켜야 하며 사도적 가르침의 전달자로서, 지혜롭고 진실한 청지기가 되어야 한다. 이렇게 요구되었던 선한 청지기의 신실한 의무는 열두 제자들뿐만 아니라 오늘날의 교회 목회자, 장로, 집사, 교사, 나아가 믿는 모든 자에게 요구되는 사항이다. 모든 성도는 하나님께서 주신 시간, 재물, 생애, 재능 등을 관리하는 영적인 청지기인 것이다.

예수 그리스도는 하나님의 뜻에 따라 선한 청지기가 되셔서 자기의 양들을 단 하나도 잃어버리지 않는 선한 책임을 다하였다. 하나님께서 자신에게 맡겨 주신 사명이 무엇인지를 올바로 인식하고 철저하게 순종함으로써 선한 청지기로서의 직분을 온전히 감당하였다. 오늘날 목사이든지 평신도이든지 모든 그리스도인들은 구원받고 사명도 받은 청지기로서의 임무가 있으므로 하나님께서 자신에게 주신 재능이 무엇인지를 먼저 깨달아 알고, 이를 잘 활용하여 발전시키며, 지혜롭고 성실하게 맡은 바 직분을 충성되게 수행하여 효과적인 열매를 남겨 착하고 충성된 종이라는 칭찬을 받아야 할 것이다. 그러므로 예수 그리스도가 보여 주신 두 번째 목회 리더십의 모형은 청지기, 즉 스튜어드 리더십(Steward Leadership)이다.

세퍼드 리더십

목자는 양들이 세속적인 것에 물들지 않고 하나님 중심적인 삶을 살아갈 수 있도록 양들을 먹이고, 양육하고, 보호하며, 소속감을 형성시키고, 이름을 불러 가며 상담하고 지도하여 소망을 갖고 올바른 길로 나아갈 수 있도록 인도하는 일을 해야 한다. 요한복음에서는 선한 목자 되신 예수 그리스도의 모형이 제시되어 있다. 인간에게는 선한 것이 없으나 오로지 하나님만이 선한 속성을 가지고 계시는데, 예수 그리스도는 하나님과 동일한 본질을 지니신 신적 인간이기에 자신을 선한 목자라고 표현하였다.

구약성경에서는 하나님이 종종 선한 목자로 언급되어 있으며 다윗과 모세 같은 지도자들도 목자로서 묘사되기도 했는데 이들은 메시아를 예표 했다. 여기서 목자란 그의 백성과 인격적 관계를 맺으시고 자비하심과 사랑하심으로 공급하며 새롭게 하시고 치료하시는 분을 일컫는다. 이처럼 예수 그리스도는 자신을 목자라고 하심으로써 목자에 대한 구약적 의미를 자기 자신에게 적용시켜 신적인 메시아상을 부각시키었다.

이처럼 성경에 나타난 목자상은 양을 위해, 양의 필요를 다 알고, 양을 위해서는 어떤 희생이라도 그 대가를 다 치를 수 있는 형상으로 묘사된다. 예수 그리스도는 목자의 사역을 위해 리더를 부르고 계시며, 또한 그들에게 주님의 양들을 먹이도록 위임하였다. 이러한 위임된 목자의 사역을 감당하기 위해서는 자기를 부인하며 인내하는 희생이 뒤따른다. 그러나 그것은 예수 그리스도의 십자가 대속이 부활의 영생을 가져온 것처럼 새로운 생명을 탄생시키는 목자의 희생이 될 것이다. 이처럼 목회자의 일차적인 책임은 바로 성도를 돌보고 양육하고 인도하는 것이다.

하나님은 우리의 삶을 책임져 주시는 선한 목자이시다. 하나님은 구약의 여러 곳에서 목회자가 자신의 양 떼들을 돌보는 일에 실패할 때에는 주관적인 권위를 가지고 직접 간섭하시겠다고 약속의 말씀을 하였다. 목회자 리더십의 실패의 대부분은 목자로서 양들을 사랑하고 치료하고 보호하는 대신에 오히려 그들을 이용하는 삯꾼 목자로 전락될 때에 발생하게 되며, 하나님은 이러한 모습을 맹렬히 비난하였다. 선한 목자는 오로지 하나님을 위한 일꾼이기 때문에 언제나 모든 일에 있어 하나님이 최우선이며, 그다음이 다른 사람들이요, 마지막이 자기 자신이다. 요한복음에서는 선한 목자의 특징을 세 가지로 제시하고 있다.

첫째로, 선한 목자는 그의 양을 알며 양도 그를 안다고 하였는데 목자 되신 예수 그리스도는 양인 우리를 전인격적으로 알고 계심을 보여 준다. 그래서 시편 기자는 하나님께서 우리의 모든 것을 아신다고 말씀하였고 마태는 우리의 필요를 아신다고 말씀하였으며 요한은 성품까지도 아신다고 하였고 베드로는 예수 그리스도를 목자장이라고 하였다. 이처럼 리더는 성도들 각자의 필요를 개별적 배려를 통해 파악할 수 있어야 한다.

둘째로, 선한 목자는 자신의 양들을 위해 목숨을 버린다고 하였는데, 목자 되신 예수 그리스도는 우리의 죄사함을 위해 보혈의 피를 흘리셨다. 삯꾼 목자는 자기 자신의 이익을 위해 양들을 버리지만 선한 목자는 언제나 어떠한 희생이 따르더라도 자발적인 순종으로 양들을 위하여 목숨을 버리며 보호한다. 이처럼 리더는 십자가의 고난을 감수할 수 있어야 한다.

셋째로, 선한 목자는 양을 우리로 인도한다고 하였는데 목자 되신 예수 그리스도는 당신의 양으로 확인되면 각각의 형편과 처지를 불문하고 그들을 즉시 인도해 생명의 자리로 옮겨 주었다.

하나님은 우리의 삶 전체를 책임져 주시는 목자요, 지도자이시다. 그러므로 다윗 왕은 여호와는 나의 목자시니 내게 부족함이 없다고 노래하였다. 하나님은 시간과 장소에 구애됨이 없이 각자에게 처한 우리의 형편과 처지를 아시고 푸른 초장과 쉴 만한 물가로 그의 백성을 도우시며 인도해 주신다. 이처럼 목회 리더는 성도들에게 헤쳐 나아갈 수 있는 비전을 제시하면서 동기부여를 시킬 수 있어야 한다. 오늘날에도 예수 그리스도는 이러한 목자의 사역을 위하여 목회 리더들을 부르시고 계시며 그들에게 주님의 양들을 먹이도록 위임하고 계시므로 목사이든지 평신도이든지 모든 목회 리더들은 자기를 부인하며 인내하고 희생하여 이러한 목자의 사역을 감당해야 할 것이다. 그러므로 예수 그리스도가 보여 주신 세 번째 목회 리더십의 모형은 목자, 즉 세퍼드 리더십(Shepard Leadership)이다.

예수 그리스도에게서 나타난 변혁적 목회 리더십

이상적 영향력

예수 그리스도는 자신이 곧 하나님이요, 길이요 진리요, 생명이라는 자기 자신의 명확한 정체성에 대한 선언에서 신적 권위와 이상적 영향력인 강력한 카리스마를 가지고 있었다. 복음서에서는 예수 그리스도가 자신을 가리켜 선언하는 구절들과 아버지 하나님께서 예수 그리스도를 자기의 특별한 아들로 확증하신 구절들을 발견할 수 있다.

이처럼 예수 그리스도는 자기 자신의 정체성에 대한 명확한 확신과 그의 언행에서 나오는 신적 권위를 통해 제자들과 군중들에게 깊은 신뢰와 존경심을 불러일으켰으며, 예수 그리스도의 부르심에 제자들은 즉각적인 반응을 보였고 그들의 의식과 삶을 변혁시켰다. 예수 그리스도의 이상적 영향력인 강력한 카리스마의 궁극적인 목적은 개인과 사회의 구원을 통해서 하나님 나라를 구현하는 데 있었으며, 이러한 자신의 특별한 목적을 달성하기 위해 제자들과 사람들에게 힘을 불어넣고 변화를 일으키는 변혁적 리더십을 발휘하였다.

예수님의 리더십은 인류 역사상 유일무이한 카리스마적 리더십의 형태를 띠고 있다고 하였는데, 이 형태는 기도와 금식, 서번트 리더십, 자기희생, 거룩한 분노, 강제와 설득, 초자연적인 기적, 다스림, 치유와 회복, 상담과 위로, 비전제시, 동기부여, 핵심 가치의 실현, 의식화, 학습, 혁신, 조직화, 겸손과 온유, 권한 위임, 리더십 센스, 스피치와 커뮤니케이션, 리더십 승계, 리더십 함정, 여성과 인권, 미래 예측 능력, 성령의 역사, 선택과 집중, 새로운 가치 제시, 하나님의 공의와 사랑, 책임윤리, 하나님 나라 전파, 샬롬, 이데올로기, 천국과 지옥, 코칭 리더십, 변혁적 리더십 등이다. 이러한 포괄적인 리더십의 원리가 바로 이상적 영향력인 강력한 카리스마적 리더십이다.

영감적 동기부여

예수 그리스도는 제자들을 부르실 때에 "내가 너희로 사람을 낚는 어부가 되게 하리라"(마태복음 4:19)라는 비전을 제시하여 제자들에게 영적 동기를 부여시켰다. 또한 마태복음에서는 겨자씨의 비유를 들어 천국에 대한 영적 비전을 심어 주셨고, 요한복음에서는 우물가에서 만난 사마리아의 여인에게 "내가 주는 물을 먹는 자는 영원히 목마르지 아니하리니"(요한복음 4:14)라는 영적 비전을 제시하였으며, 요한복음에서는 제자들에게 진리의 성령이 오시면 장래 일을 알리신다는 미래에 대한 영적 비전을 제시하였다.

이처럼 예수 그리스도는 제자들과 사람들에게 명확하고 일관성 있게 그들의 소명에 대해 말씀하였으며, 이러한 영적 비전을 통해 제자들은 동기가 부여되었고 자신들의 사역을 잘 감당할 수 있었으며, 모든 사람들은 영원한 하나님 나라를 바라볼 수 있는 소망을 갖고 그의 인도함을 믿고 따르게 되었다.

지적 자극

예수 그리스도는 복음서의 곳곳에서 사람들에게 질문을 제기하거나 비유를 사용해서 그들의 지적 호기심을 자극하고 그들이 진리를 스스로 깨닫게 하는 방법을 사용하였다. 누가복음에서는 강도 만난 사람에게 자비를 베푼 사마리아 사람의 비유를 통해 율법사가 스스로 자기 자신의 잘못된 의식을 인식하고서 새로운 변화를 향해 나아가도록 의도하였다. 또한 마가복음에서는 "때가 찼고 하나님의 나라가 가까웠으니"(마가복음 1:15)라고 선포함으로써 그리고 마태복음에서는 주의 나라가 임하고 주의 "뜻이 하늘에서 이룬 것 같이 땅에서도 이루어지이다"(마태복음 6:10)라는 말씀으로 지적 자극을 주고 있다.

또한 안식일에 제자들이 밀 이삭을 자른 사건과 안식일에 병 고치는 사건을 통하여, 안식일이 사람을 위해 있다고 하여 율법의 권위주의를 탈피하고 사랑이라는 가치를 향해 나가도록 새로운 혁신적 시각으로 지적 자극을 주고 있다.

그리고 요한복음에서는 서기관과 바리새인들이 간음 중에 잡혀 온 여자를 끌고 와서 예수님을 시험하려 할 때에 "너희 중에 죄 없는 자가 먼저 돌로 치라"(요한복음 8:7)라는 지적 자극을 통해 양심에 가책을 느끼게 하였다. 이처럼 예수 그리스도는 과거 답습적인 율법의 권위주의적인 삶에 의문을 던지어 그들의 삶에 대한 가치관과 신념, 기대 등에 새로운 사고방식을 가지도록 변혁시키는 지적 자극을 적극 활용하였다.

개별적 배려

요한복음에서는 자신의 양을 개별적으로 배려하여 보호하고 양육하고 돌보는 목자들의 비유를 제시하였고, 누가복음에서는 강도 만난 사람에게 자비를 베푼 사마리아 사람의 비유를 통해 도움을 필요로 하는 자의 입장에서 베풀어져야 하는 개별적 배려를 제시하고 있다. 예수 그리스도는 성경 곳곳에서 가난하고 소외되고 병든 사람뿐만 아니라 부자와 이방인과 죄인 그들을 모두 다 일일이 만나 주었고, 그들이 필요로 하는 사랑과 용서와 치유를 베풀었으며, 가르치고 전파하며 고쳐 주었다.

이처럼 복음서에 나타난 예수 그리스도의 삶은 자신을 필요로 하였던 모든 사람들에게 사랑과 용서와 치유를 통해 생명을 베풀어 준 이타적이며 헌신적인 삶 그 자체였다. 예수 그리스도는 사람들을 차별하지 않았으며, 상대의 입장을 고려하여 상대의 필요에 따라 헌신적으로 배려해 주는 리더십이었다. 이처럼 예수 그리스도는 사람들을 개별적으로 배려하여 관심을 보였으며, 그들의 욕구와 가치관에 대해 깊은 통찰력으로 멘토의 역할을 하였다.

결국에 가서는 인류를 죄악에서 구원하시기 위해 십자가에서 대속의 죽으심을 당하시므로 하나님과 인류를 향한 사랑의 극치를 보여 주었다. 자신의 생명을 희생함으로써 그 절정을 이룬 예수 그리스도의 헌신적인 리더십은 그의 제자들과 교회사 속에서 그리고 오늘날에도 모든 믿는 자들에게서 나타나고 있다.

묵상하기

교회는 복음을 전파하며, 성도를 교육시키고, 성도의 교제를 성실하게 수행하여 그리스도의 몸을 온전케 해야 한다. 하나님의 말씀인 성경은 결코 변하지 않는 만고의 진리이다. 그런데 그 말씀을 적용해야 할 현대인들의 삶의 양상은 급격한 과학 물질문명의 발전과 이에 따라 나타나는 다양한 사상들의 출현으로 말미암아, 매우 다양하며 복잡한 모습들을 나타내고 있다. 이러한 시대적 사회 변화에 발맞추어 교회의 모습도 그 변화의 속도가 과거 어느 시대보다도 매우 빠르게 진행되고 있으며, 목회자들은 새로운 환경 변화에 따라 발생하는 여러 가지의 변화와 위기에 대처해 나가기 위해 다각적인 방안들을 모색하고 있다. 목회자의 리더십은 하나님의 목적을 성취하기 위한 수단이 되기 때문에 급변하고 있는 한국 교회는 교회의 갱신과 함께 성장을 위한 성경적 관점에서의 탁월한 목회 리더십의 개발과 활용이 시급히 요청되고 있다.

오늘날 이처럼 다양한 사회문화적 세계관이 형성되고 삶의 가치관과 의식구조가 격변해 가고 있는 다원화된 사회구조 속에서 목회자가 하나님의 뜻을 성취하고 현실에 능동적으로 대처하기 위해서는 시간과 공간을 초월하여 목회 리더십의 귀감이 되고 있는 신구약성경의 인물들과 목회 리더십의 원형이 되시는 예수 그리스도의 리더십을 끊임없이 연구하여 개교회가 처한 각각의 상황에 맞게 활용해야 한다. 그래야만 오늘날과 미래의 시대를 하나님의 진리로 이끌어 나가며 땅 끝까지 복음을 전하는 교회로 존속시키고 성장시킬 수 있을 것이다.

목회 리더십은 교회 구성원들에게 영향력을 발휘하여 그들이 교회의 목표에 공헌할 수 있도록 동기를 부여시키고 그들의 잠재적인 능력을 최대한도로 발휘할 수 있도록 극대화하는 기술이므로 교회의 존속 및 성장과 발전에 절대적인 영향을 미친다. 그러므로 오늘날 목회자는 다양한 목회 리더십의 이론과 기법들을 그 교회가 처한 사회문화적 상황과 교회 구조 그리고 교회 구성원들의 양상에 따라 항상 새롭게 변혁적으로 적용해야 한다. 그래야만 기독교의 독특한 성경적 리더십의 본질을 잃지 않으면서도 급변하고 있는 오늘날과 미래의 시대적 상황에 적합한 목회 리더십을 개발하고 발휘하여 세상 사람들을 보다 효과적으로 예수 그리스도 앞으로 인도할 뿐만 아니라, 또한 하나님의 부르심을 받은 성도들을 하나님께서 목적하신 대로 인도할 수 있을 것이다.

 목회자들이 오늘날 급변하고 있는 교회 조직의 시대 변화에 맞는 자신의 독특한 목회 리더십을 개발하여 발휘한다는 것이 쉽지는 않겠다. 그러나 교회 구성원들의 올바르고 성숙한 신앙생활을 지도하여 교회의 질적 양적인 성장을 도모하기 위해서는, 영적 리더십뿐만 아니라 변혁적 리더십을 개교회의 상황에 맞게 적극적으로 개발 및 활용해야 할 것이다.

참고 문헌

강신권. (1995). 21세기를 향한 리더십. 서울: 쿰란출판사.

고성삼, 강철승, & 유재형. (2009). 성서에 나타난 경영사상에 관한 연구. 대한경영학회지, 22(1), 551-574.

기독경영연구원. (2004). 기독경영 로드맵 11, 서울: 예영커뮤니케이션.

김승곤. (1996). 예수님의 영적 리더십에 관한 연구. 성결대학교 논문집, 25, 67.

김영선. (2008). 방언의 은사에 대한 신학적 이해. 한국조직신학논총, 22, 41-68.

김찬목. (2015). 크리스천의 맹신적 신앙에 관한 연구. 로고스경영연구, 13(2), 163-180.

김흥수. (1999). 예수 믿고 복 받으세요 : 한국전쟁 이후의 기독교 신앙양태. 한국기독교역사연구소소식, 37, 3-15.

김홍진. (2009). '설교자의 설교에 대한 의도'와 '성도의 설교에 대한 니즈'의 비교분석. 대학과 복음, 14, 179-208.

김판호. (2008). 오중복음과 삼중축복 사상에 나타난 하나님 나라. 영산신학저널, 13, 91-130.

박영률. (1991). 리이더쉽과 교회성장. 서울: 성광문화사.

박정윤. (2004). 이중적 경영모형: 하나님의 경영과 사람의 경영, 로고스경영연구, 2(3), 1-13.

박정윤. (2011). 성경으로 배우는 행복한 부자학, 서울: 열린시선.

박정윤. (2014). 복음적 기업재무경영의 목표와 원리. 로고스경영연구, 12(2), 59-74.

박철, 권수라, 이형재, 김홍섭, 배종석, 노전표, & 한기수. (2012). 경영, 신앙에 길을 묻다. 서울: 맑은나루.

박철, & 이형재. (2009). 중소기업의 사회공헌활동과 그 성과:㈜ 유진크레베스 사례를 중심으로. 한국로고스경영학회 학술발표대회논문집, 63-72.

스티븐 아터번(Stephen Arterburn) 저. 문희정 역. (2013). 해로운 신앙. 서울: 도서출판 그리심.

배종석, 박철, 황호찬, & 한정화. (2010). 기독경영 JusT ABC. 서울: 예영커뮤니케이션.

신현광. (2006). 한국교회 성장에 나타난 부정적 측면 (2). 복음과 실천신학, 11, 320-354.

신호균. (2011). 아름다운 동행을 위한 중소기업 CSR, 중소기업청.

신호균, & 김영애. (2013). 중소기업 CSR과 기독경영 핵심원리의 관계성에 관한 구조적 분석. 로고스경영연구, 11(1), 39-60.

신호균, & 이창원. (2003). 기업경영의 윤리적인 이슈 : 성경적인 관점을 중심으로. 로고스경영연구, 1(1), 1-21.

안석. (2010). 정신분석과 기독교 상담: 적인가 아니면 동반자인가. 서울: 인간희극.

오근혜, & 황인태. (2020). 목회자의 경제적 노후준비에 관한 실태 및 개선방안에 관한 고찰. 로고스경영연구, 18(2), 1-22.

이선복. (2018). 교회 내부통제제도와 회계감사에 관한 소고. 로고스경영연구, 16(1), 31-46.

이성희. (1997). 교회행정학. 서울: 한국장로교출판사.

제랄드 메이(Gerald G. May) 저. 이지영 역. (2014). 중독과 은혜. 서울: IVP.

이창원. (2010). 평등, 공의, 나눔에 의한 기업의 사회적 책임에 관한 연구. 로고스경영연구, 8(1), 91-106.

임태순. (2011). 성경적 관점에서 기업의 사회적 책임에 관한 연구. 로고스경영연구, 9(1), 131-146.

장진경. (2010). 초기 한국 개신교회 여성의 신앙 양태 연구 : 무속성을 중심으로. 한국기독교역사연구소소식, 제281회 학술발표대회, 9-21.

전성표. (2006). 배분적 정의, 과정적 정의 및 인간관계적 정의의 관점에서 본 한국인들의 공평성 인식과 평등의식. 한국사회학회지, 40(6), 92-127.

조성표. (2024). 국민연금을 활용한 목회자와 선교사의 노후준비방안에 대한 고찰. 로고스경영연구, 22(4), 39-58.

제임스 민스(Means, James E.) 저. 주상지 역. (1991). 그리스도인 사역의 지도력. 서울: 생명의말씀사.

정연득. (2011). 종교중독에 대한 목회신학적 대응 - 정신분석학과 몸의 신학의 관점에서. 신학과 실천, 26(2), 45-78.

조성종. (1997). 목회자 리더십론. 서울: 성광문화사.

피터 와그너(Wagner, C. Peter) 저. 김선도 역. (1984). 교회성장을 위한 지도력. 생명의말씀사.

케네츠 강겔(Gangel, Kenneth O.) 저. 황성철 역. (1996). 성공적인 경영자로서의 목회자. 서울: 한국로고스연구원.

하재성. (2011). 강박적인 그리스도인. 서울: 이레서원.

헨리 나우웬(Nouwen, Henri J. M.) 저. 두란노출판부 역. (1998). 예수님의 이름으로. 서울: 두란노.

황인태. (2015). 담임목사의 리더십유형이 차세대 목회리더들의 태도에 미치는 영향에 관한 연구. 나사렛대학교 박사학위논문.

황인태. (2006). 성경적 목회 리더십에 관한 연구. 침례신학대학교 석사학위논문.

황준배. (2007). 카리스마적 리더십. 서울: 도서출판 그리심.

Arterburn, S., & Felton, J. (2001). Toxic faith: Experiencing healing from painful spiritual abuse, Colorado Springs: WaterBrook Press.

Alwin, D. F. (1987). Distributive justice and satisfaction with material well-being. American Sociological Review, 52(1), 83-95.

Amato, L. H., & Amato, C. H. (2007). The effects of firm size and industry on corporate giving. Journal of Business Ethics, 72, 229-241.

Brealey, R. A., Myers, S. C., & Allen, F. (2014). Principles of Corporate Finance. New York: McGraw-Hill.

Brown, A. (1947). Organization of Industry, New York: Prentice Hall.

Carroll, A. B. (1999). Corporate social responsibility: Evolution of a definitional construct. Business & Society, 38(3), 268-295.

Chewning, R. C. (1989). Biblical principles and business: The foundations (Vol. 1). Colorado Springs: NavPress.

Chewning, R. C. (1990). Biblical principles and business: The practice (Vol. 3). Colorado Springs: NavPress.

Cook, K. S., & Hegtvedt, K. A. (1983). Distributive justice, equity, and equality. Annual Review of Sociology, 9(1), 217-241.

Frederick, W. C. (1994). From CSR1 to CSR2: The maturing of business-and-society thought. Business & Society, 33(2), 150-164.

Fried, M. (1970). The social responsibility of business is to increase its profits. New York Times Magazine.

Griffin, J. J., & Prakash, A. (2010). Corporate responsibility: Initiatives and mechanisms. Business & Society, 49(1), 179-184.

Grounds, V. C. (1989). Responsibility and subjectivity: Applying Biblical Principles in Business. Biblical Principles & Economics, 118-132.

McWilliams, A., & Siegel, D. (2000). Corporate social responsibility and financial performance: Correlation or misspecification?. Strategic management Journal, 21(5), 603-609.

Keller, T. (2001). The centrality of the Gospel, Manhattan: Redeemer Presbyterian Church.

Porter, M. E. (2011). The role of business in society: Creating shared value. In presentation given to the Babson Entrepreneurship Forum, Boston: Massachusetts.

Roberts, R. W. (1992). Determinants of corporate social responsibility disclosure: An application of stakeholder theory. Accounting, Organizations and Society, 17(6), 595-612.

Sethi, S. P. (1972). The corporation and the church: Institutional conflict and social responsibility. California Management Review, 15(1), 63-74.

Spicer, B. H. (1978). Investors, corporate social performance and information disclosure: An empirical study. Accounting Review, 53(1), 94-111.

Taylor, C. Z. (2002). Religious addiction: Obsession with spirituality. Pastoral Psychology, 50(4), 291-315.

Tsuma, D. M. (2021). Governance, leadership and ethics in the church: Literature based review. Journal of Sociology, Psychology & Religious Studies, 3(1), 45-58.

Vanderheyden, P. A. (1999). Religious addiction: The subtle destruction of the soul. Pastoral Psychology, 47(4), 293-302.

Waddock, S. A., & Graves, S. B. (1997). The corporate social performance-financial performance link. Strategic Management Journal, 18(4), 303-319.

Wendorf, C. A., Alexander, S., & Firestone, I. J. (2002). Social justice and moral reasoning: An empirical integration of two paradigms in psychological research. Social Justice Research, 15(1), 19-39.

World Bank (1994). Averting the old age crisis, New York: Oxford University Press.

Zaki, J. (2024). How to sustain your empathy in difficult times. Harvard Business Review, 102(1-2), 63-69.